트라우마 이후의 삶

프 ‥로‥이‥트
커 ‥ 넥 ‥ 션

트라우마 이후의 삶

잠든 상처를 찾아가는 정신분석 이야기

맹정현 지음

책담

르네 마그리트, 〈저무는 해(Le soir qui tombe)〉, 1964

흉터를 중심으로 맴도는 삶

"트라우마적인 사건에 대해 말하려면 그 순간 그것에 대한 반응으로
흉터가 만들어진다는 사실을 고려하지 않을 수 없다."
-프로이트가 산도르 페렌치에게 보내는 1930년 9월 16일자 편지에서

정신에 강력한 충격이 가해지면서 발생하는 흉터, 트라우마. 상처는 아물지만 흉터는 지워지지 않는다. 흉터는 운명적으로 평생 안고 살아야 한다. 육체의 흉터와 달리, 정신적인 흉터를 지울 수 있는 과학 기술, 망각의 테크놀로지는 아직까지 존재하지 않는다. 우리 삶은 우리도 모르는 사이에 그 흉터를 중심으로 맴돈다.

물론 우리는 흉터를 지우기 위해 노력한다. 하지만 정신 속에서는 지우는 행위조차 하나의 흔적이 된다. 마음의 흉터를 문

트라우마 이후의 삶

지르면 흉터는 지워지지 않고 번지게 될 것이다. 정신은 유기적으로 연결된 그물망과 같아서 조그만 흉터 하나가 정신이 총체적으로 와해되는 시발점이 될 수 있다.

이런 의미에서 이 책의 주제는 스트레스가 아닌 트라우마이다. 트라우마에서 문제는 우리가 더 이상 맞서 싸울 수 없다는 데 있다. 트라우마는 우리를 무력화시키고 우리의 정신에 암초를 만든다. 우리는 그 암초를 피하거나, 아니면 좌초할 수밖에 없다. 암초를 피하게 되면 삶에는 그만큼 보이지 않는 벽들이 만들어질 것이다. 우리가 갈 수 없는 곳들, 우리가 할 수 없는 것들, 우리가 누릴 수 없는 것들이 삶에 새겨지게 된다.

트라우마를 입은 자에게는 이보다 더 가혹한 운명이 있다. 그것은 트라우마를 입었던 시점의 막다른 골목, 무기력한 상태 속으로 급박하게 그를 몰아간다는 점이다. 트라우마는 정신이 나약해지는 틈을 타 그때의 장면으로 되돌아가서 그렇게 무력하고 철저하게 수동적이었던 상황에 다시 놓이도록 한다. 한 번의 상처가 영원한 상처가 되어 늘 그 앞으로 불려가게 된다. 그래서 트라우마를 입은 자들에게 피해자로서의 포지션을 벗어나는 일은 지난하다.

심지어 그들은 그런 상황이 아니면 삶의 생생함을 느끼지 못한다. 가까스로 죽음을 모면한 사람들은 목숨을 부지한 대신 삶 속에 죽음의 그림자를 드리운다. 자신이 살아 있다는 것을 충분히 누릴 수 없다. 그런데 그렇게 빈껍데기인 삶 속에서 충만함을 가져다주는 것은 역설적이게도 삶을 파괴해버린 치명적인 경험들이다. 그렇기 때문에 그들은 그 치명적인 경험들로 되돌아간다. 사막 같은 삶을 충만하게 하는 것이 고통스러운 경험이라는 사실은 비극이 아닐 수 없다.

왜 트라우마를 입은 자들은 견딜 수 없는 그 고난으로 되돌아가는 것일까? 정말 수수께끼 같은 일이라 할 수 있다. 트라우마는 우리 삶을 하나의 수수께끼로 만들어버린다. 이 책은 이러한 트라우마의 수수께끼에 접근하는 것을 목표로 한다. 단순히 트라우마가 무엇인지를 다루는 데에서 끝나지 않는다. 트라우마가 어떻게 우리 삶을 변형시키고 불투명하게 하는지 추적하려 한다. 도대체 트라우마 이후 우리의 삶은 무엇이 될 수 있을까? 우리 삶에 어떤 가능성이 있을까? 이것이 이 책이 던지는 질문들이다. 우리는 이 질문들에서 시작해 트라우마의 불투명한 수수께끼에 접근하게 될 것이다. 트라우마에 대한 단순한 논의를 넘어 우리가 어떤 조건에서 살아가고 있는지에 대한 탐구가 될 것이다.

이 책은 전작들과 마찬가지로 서울정신분석포럼(SFP) 부설 프로이트라깡칼리지(FLC)에서 한 강의를 옮긴 것이다. 강의는 세

트라우마 이후의 삶

월호의 침몰이 있은 지 한 달 정도 지난 2014년 5월 19일부터 총 5차례에 걸쳐 진행되었다. 당시의 충격과 비탄함은 많이 지워졌지만 그럼에도 불구하고 이 책은 그 시기에 우리가 잃어버린 것에 대해 기록하고 애도하는 과정을 담고 있다.

2014년 봄 어느 하루, 길지 않은 시간 동안 우리가 본 몇 개의 장면들, 마치 영원히 정지된 화면처럼 우리의 기억 속에 남아 있는 몇 개의 장면들을 중심으로 이 강의는 맴돌고 있다. 배의 유리창으로 희미하게 보이는 아이들의 모습들, 배의 끝자락이 바닷속으로 미끄러지듯이 사라지는 장면, 또 배가 사라지고 없는 곳을 중심으로 구조선들이 맴도는 장면들. 그 장면들 앞에서 인간이라는 지위에 대해 절대적 무력감을 느꼈고, 결국 우리는 어떤 방식으로든 그것에 응답할 필요가 있었다. 강의는 그런 시도로 기획되었고 이제야 그것을 글로 남긴다. 모든 애도의 출발점은 말하고 쓰는 과정이다. 지울 수 없는 흔적을 더듬는, 늘 현재형이 될 수밖에 없는 과정.

contents

일러두기

1. 이 책은 서울정신분석포럼에서 2014년 5월부터 5차례 진행되었던 강의를 단행본으로 재구성한 것이다.

2. 본문의 용어 대부분은 프랑스어로 병기했으나 프로이트의 고유한 용어는 독일어로 병기했다.

3. 관용에 따라 본문의 '라캉'과 '멜랑콜리'는 '라깡'과 '멜랑꼴리'로 표기했다.

4. 단행본은 《 》로, 논문과 영화는 〈 〉로 제목을 표기했다.

"왜 우리는 잊지 않고 기억해야 하는가?"

역설적이게도, 잊으려고 하면 잊히지 않고

오히려 기억하려고 하면 잊게 된다.

사라짐을 잊을 수 있는 것은 역설적으로

그것을 흔적으로 남겨놓을 때다.

언어라는 장막_

거대한 배가 가라앉는 장면, 우리의 기억 속에 남아 있는 그 장면을 우리는 무엇으로 지칭할 수 있을까? 지칭할 수 있는 말들은 많다. 침몰, 사고, 몰살, 참사……. 이 말들은 모두 예전부터 존재해왔고, 우리가 이미 알고 있는 말들이다. 하지만 우리는 안다. 결코 이런 말들이 우리가 본 장면을 지칭하기에 충분하지 않다는 것을. 그 장면은 그것을 표현하는 말들을 초과한다.

우리는 세월호 참사를 계기로 우리가 사용하는 말들이 무엇이었는지를 알 수 있게 되었다. 매일같이 수많은 단어를 사용하지만 그것들이 가리키고 있는 현실을 일일이 확인하며 살아오진 않았다. 가령 '참사'라는 단어는 우리가 쉽게 입에 올릴 수 있는 단어이지만, 그 단어에 의해 지칭되는 현실을 우리가 직접적으로 경험할 기회는 많지 않다. 단순히 현실적으로 경험할 기회가 없어서일까? 우리가 사용한 말이 오히려 그것이 가리키는 현실을 생생하게 전달하는 것이 아니기 때문은 아닐까? 말은 오히려 우리를 무뎌지게 하고 침묵하도록 하는 경향이 있다. 말을 남발할수록 우리는 현실에 점점 무감각해지기도 한다.

우리는 말의 두터운 층위들을 갑각류의 껍질처럼 두르고 우리가 경험하는 것들로부터 자신을 보호하고 있었던 것인지도 모른다. 트라우마적인 경험이 형언할 수 없는 것이라면, 언어는 형언할 수 없는 것과 맞닥뜨리기보다 그것을 덮어두는 측면이 있는 것 같다. 마치 누군가가 죽었을 때 우리가 그를 그대로 남겨놓지 않고 무엇으로든 덮으려 하는 것처럼 말이다. 실제로 사고 장면 속에서 시신은 늘 덮여 있는 것으로만 표상된다. 무언가가 천 같은 것으로 덮여 실려 나가는 장면만으로 우리는 거기에 시신이 있다고 생각하게 된다. 세월호 참사의 장면 속에서는 많은 시신들이 그렇게 덮인 채로 어디론가 실려 나갔다.

그러한 장막 앞에서 우리는 무엇을 보는 것일까? 또 우리가 본 것들 앞에서 우리가 사용하는 언어들은 무엇을 위한 것일까? '참사'라는 말을 사용하는 것은 시신을 장막으로 덮는 것과 그리 다르지 않은 것 같다. 우리는 결국 죽음을 완전히 잊는 것도 아니

트라우마 이후의 삶

지만, 그렇다고 직면하는 것도 아니기 때문이다. 망각 속에 묻어 버리는 것도 아니고, 죽음의 맨얼굴을 직시하는 것도 아니다. 시신을 덮고 있는 천은 거기에 죽음이 있다는 것을 알려주지만, 또한 그 덕분에 우리는 죽음을 직시하지 않아도 된다. '참사'라는 말 또한 그렇지 않은가?

물론 우리가 죽음의 맨얼굴을 직시하지 않으려는 것은 당연하다. 무엇보다 우리도 그렇게 될 수 있다는 사실, 우리에게도 언젠가는 죽음이 찾아올 수 있다는 사실이 우리를 두렵게 할 것이다. 죽음은 누구의 죽음이든 늘 나의 죽음을 환기시킨다. 하지만 더 나아가 그것이 나를 노려보고 나를 주시할 수 있다는 것이 문제다. 다시 말해서 죽음에도 눈이 달렸다. 죽음을 보는 것보다 끔찍한 것은 죽음이 우리를 보는 것이다.

바로 그렇기 때문에 사람이 죽으면 우리는 제일 먼저 그의 눈을 가린다. 죽음의 시선은 살아남은 자에게 더없이 불길한 것이다. 죽음이 나를 대상으로 삼고, 나에게 질문을 던지고, 나를 집어삼킬 수 있음이 드러나는 지점이 바로 시선이기 때문이다. 이 때문에 각각의 문화에는 죽은 사람의 시선을 처리하는 나름의 관행이 있다. 영정사진이란 그렇게 시선을 처리하는 한 가지 방식이다.

애도의 기술_

죽음을 직시하기를 원하진 않지만, 반대로 완전히 잊는 것 역시 우리의 정신이 원하는 것은 아니다. 시신을 흔적도 없이 사라지게 하는 것만큼 끔찍하고 불길한 일도 없다. 없던 것을 있게 하는 것을 우리는 창조(création)라고 부른다. 무로부터의(ex nihilo) 출현이라 할 수 있다. 창조가 발휘하는 놀라운 효과가 있다. 하지만 그보다 놀라운 것, 더 충격적인 것은 있던 것이 없어지는 것이다. 방금까지 멀쩡하게 살아 있었던 존재가 갑자기 아무런 흔적도 없이 사라지는 것이야말로 우리의 정신에는 충격이 아닐 수 없다.

그렇기 때문에 우리는 그것이 그냥 사라져버리기보다 사라지면서 흔적을 남겨주길 바란다. 사라짐의 흔적이 있어야 우리는 그나마 그 사라짐을 견딜 수 있기 때문이다. 요컨대 애도가 가능하기 위해서는 사라짐의 흔적이 있어야 하고, 더 나아가 사라진 것의 흔적이 있어야 한다. 사라진 것의 흔적이 있어야 우리는 망자를 기억할 수 있으며, 망자를 기억할 수 있어야 그의 사라짐을 애도할 수 있다. 그가 살았을 적에 무엇을 했고, 무엇을 원했고, 어떤 사람이었는지에 대한 기억이 있어야 우리는 그나마 그를 제대로 떠나보낼 수 있다.

트라우마 이후의 삶

애도하는 작업은 사라진 것을 중심으로 언어를 쌓아 올리는 일이다. 그가 어떠했고 그가 무엇이었다는 것을, 그가 나에게 어떤 대상이었고 내가 그에게 어떤 대상이었는지를 이야기하는 것, 그것이 바로 사라짐의 충격을 견디는 하나의 방식이다. 우리가 장례식에서 사라진 자에 대해 추도하는 것은 이와 다르지 않다.

이 세상의 무대에서 누군가가 그냥 퇴장해버리는 것만큼 남아 있는 자들을 불편하게 하는 것도 없다. 살아남은 사람으로서 살아 있는 것에 죄의식을 느낄 뿐만 아니라 살아 있음, 살아남아 있음의 의미를 납득하지 못하기도 한다. 그런 의미에서 애도는 죽음을 국소화하는 작업이다. 그래서 우리는 누군가가 사라져버렸을 때 최소한 그의 시신만이라도 찾기를 바란다. 시신은 우리가 직면하고 싶지 않은 것이기도 하지만, 한편으로 애도를 위한 최소한의 조건이다.

기억의 무덤_

말이 현실을 덮을 수 있지만, 덮인 것을 완전히 지워버리지는 못한다. 말은 흔적을 남기고 어떤 의미에서는 흔적 그 자체가 된다. 충격적인 현실을 덮어버리지만, 그럼에도 그러한 현실을 기록해낼 수 있도록 해주기 때문이다. 이처럼 장막과도 같은 말은 참혹한 현실을 숨기지만 그것이 거기에 있다는 사실은 감추지 않는다. 그래서 말은 무덤이다. 무덤은 죽음을 국소화하고 사라짐을 하나의 흔적으로 남기는 장치이며 사라짐에 하나의 이름을 붙이는 장치다. 그렇게 죽음을 국소화하면서 비로소 우리는 사라짐을, 혹은 사라진 것을 진정으로 잊을 준비를 하게 된다.

역설적이게도, 잊으려고 하면 잊히지 않고 오히려 기억하려고 하면 잊게 된다. 사라짐을 잊을 수 있는 것은 역설적으로 그것을 흔적으로 남겨놓을 때다. 흔적을 기록하고 그 흔적을 중심으로 언어의 탑을 쌓으면 우리는 그만큼 충격적인 현실로부터 거리를 둘 수 있게 된다. 반대로 무조건 잊기 위해 눈을 감으면 어떻게 될까? 오히려 현실의 무게가 더욱 우리를 짓누른다.

결국 잊기 위해 눈을 감는 일이 성공을 거두려면, 끔찍한 장면을 잊는 것이 아니라 그것을 기억하고 있는 자신을 잊는 수밖에 없다. 자신이 본 장면을 지우는 것이 아니라 그것을 본 자신을 지우는 것이다. 어렸을 적에 끔찍한 사건을 경험하고 살아남은 자들이 보이는 공통적인 특징 중 하나는 전반적인 기억력 자체가 떨어진다는 것이다. 마치 기억하는 주체가 없는 것처럼 말이다. 요컨대 도려내진 것은 기억이 아니라 자기 자신이다. 혹은 그때 그 일을 기억하고는 있지만 아주 무미건조하게 기억한다. 감정과 기억의 고리가 끊어져서 기억은 해도 아무런 감정을 느끼지 못하는 것이다. 무감각해지고 반응이 없는 둔탁한 주체. 이것은 온전한 의미에서의 망각은 아니다. 어떤 이유에서든 결국 제대로 잊기 위해서는 기억의 과정이 필요하다.

물론 기억의 과정을 통해 일어나는 일에 대해서는 생각해 볼 여지가 있다. 잊기 위해 몸부림치는 과정에서 떠오르는 장면과 능동적으로 기억하고 되새김질하는 과정에서 떠오르는 장면은 내용적으로 다르지 않기 때문이다. 어떻게 보면 잊기 위해 노력하는 과정에서 반복되는 악몽과 일부러 그때의 장면을 되새김질하는 행위는 다르지 않아 보일 수 있다.

그때 그 장면을 잊고 간신히 살고 있는데 굳이 반추하는 것이 무슨 도움이 되겠느냐 하는 의문이 제기될 수 있는 것은 이런 이유 때문이다. 잊지 못해 살고 있는데 왜 그것을 굳이 기억해야 할까? 고통을 당한 사람 입장에서는 심리치료를 받는 일이 오히려 괴로움을 야기하는 것처럼 보일 수 있다. 이 때문에 트라우마를 입은 자들은 치료를 시작할 엄두를 내지 못하거나, 시작하더라도 쉽게 그만두는 경향이 있다. 따라서 그렇게 기억하는 과정에서 그 장면으로부터 자유로워질 수 있는 기회가 주어지는 이상, 우리는 당연히 둘의 차이가 무엇이고 각각의 과정에서 과연 무슨 일이 발생하는지를 묻지 않을 수 없다.

하나의 장면에 압도되어 그것을 강박적으로 떠올릴 수밖에 없는 주체와 그 장면을 기억해내면서 되새김질하는 주체. 내용적으로는 똑같은 장면이 문제일 수 있지만 주체의 포지션은 같지 않다. 잊으려는 과정에서 악몽처럼 반복되는 것과 그것을 기억하는 과정에서 자연스럽게 잊게 되는 것 사이에는 어떤 변화가 있다. 그러한 변화를 우리는 '주체성의 변화'라고 말할 수 있다.

트라우마의 두 가지 축_

트라우마는 주체성의 문제다. 단순히 폭력이나 전쟁과 같은 끔찍한 사건을 경험한 것이 문제가 아니라 주체가 그것에 대해 어떤 포지션을 취할 수 있느냐가 문제다. 똑같은 사건이라도 어떤 사람은 멀쩡하지만 어떤 사람은 그렇지 않을 수 있다. 뒤집어 이야기하면, 어떤 사람에게는 아무렇지도 않은 사소한 장면이 어떤 사람에게는 전혀 그렇지 않을 수 있다.

예컨대 배가 침몰하는 장면을 보면서 충격을 받고 마치 자신의 삶이 연루된 것처럼 행동하는 사람도 있지만, 그 사건의 영향을 전혀 받지 못할 뿐만 아니라 아무런 죄의식이나 연민을 느끼지 못하는 사람도 있다. 인정머리가 없기 때문도 아니고 공감

능력이 떨어져서도 아니다. 주체의 포지션 자체가 그 일을 하나의 트라우마로 받아들일 수 없을 뿐이다. 마찬가지로 신경증자와 정신병자가 사건에 의해 영향을 받는 방식이 같을 수 없다. 신경증자로서 강박증자와 히스테리 환자 역시 같은 반응을 보일 수 없다.

하나의 사건이 일어났다. 죄의식도 하나의 반응이고, 죄의식이 없는 것 또한 하나의 반응이다. 결국 무엇이 충격을 일으켰는가 하는 질문은 일단 누가 충격을 받았는가 하는 문제와 분리될 수 없고, 왜 어떤 사람은 충격을 받지 않는가 하는 문제와 분리될 수 없다. 주체의 포지션과 트라우마의 밀접한 관계, 이것이 바로 우리가 트라우마 문제에 접근하는 하나의 축이다.

처음에 우리는 언어가 지닌 일정한 효과에 주목하면서 논의를 시작했다. 앞서 언급했듯이 말은 하나의 장막이어서 충격적인 현실을 감추면서 그 현실의 흔적이 남도록 한다. 그 흔적 덕분에 우리는 애도할 수 있다. 이런 관점에서 접근해본다면 트라우마적 경험이란 언어의 장막이 벗겨지는 경험과 다르지 않다. 언어의 장막이 벗겨지면서 우리가 무뎌져 있던 현실, 우리가 무감각해져 있던 현실이 드러나는 것이다. 언어가 현실을 우리가 상상할 수 있고 그려낼 수 있는 것으로 구성한다면, 뜻밖의 순간에 벌어진 의외의 사건이 그것을 우리가 상상할 수 없고 그려낼 수 없는 것으로 되돌려버린다. 언어의 마스크가 벗겨지는 경험, 탈상징화의 기능을 하는 뜻밖의 경험이 바로 트라우마적 경험이다.

언어를 경유한다는 사실로 인해 인간의 리비도는 동물의 본능과는 다른 방식으로 구조화될 수밖에 없다. 욕망, 충동, 사랑 등과 같은 리비도적인 현실이 구축되는 방식은 본능과 다를 수밖에 없고, 또 그런 만큼 그것이 충격을 가하는 방식 역시 다를 수밖에 없다.

따라서 트라우마를 탐구하는 두 가지 축은 주체의 포지션과 언어가 될 것이다. 트라우마를 한편으로는 주체의 포지션과의 연관 속에서 이해하고, 또 다른 한편으로는 언어와의 관계 속에서 이해하는 것이 결국 우리가 이 책에서 말하고자 하는 바다.

2장

트라우마의 불투명성

"우리는 트라우마적인 충격에 상응하는 불투명한 원인을 상정한다."

우리는 뭔가를 알아갈수록 점점 눈이 멀게 된다.

즉 지식의 맹목이 있다. 더없이 명백한 사실들이 있지만

우리는 만족하지 않고 그 이상의 뭔가를 찾는다.

특이한 것은 그렇게 그 이상의 뭔가를 찾는 한,

우리가 찾는 것은 합리적인 원인이 아닌

불투명한 원인이 된다는 것이다.

불투명한 원인_

배가 침몰하자 온갖 말들이 출현했다. 마치 배가 사라진 자리를 말들이 채우고 있는 것처럼, TV를 켜면 연일 뉴스가 흘러나왔고 인터넷은 실시간으로 기사로 도배가 되었다. 진실을 찾는다는 외침 속에서 우리는 정신없이 말들을 주워 담는다. 과연 우리는 무엇이 궁금한 것일까? 도대체 지금 우리는 무엇을 하고 있는 것일까?

언어가 개입하지 않는 현실은 없다. 사건이 하나의 트라우마로서 영향을 미치는 동안에는 단순히 희생자가 맨땅에 부딪히면서 충격을 받는 과정이 아니라 언어적으로 구성된 장막이 찢기는 과정이 있다. 트라우마의 충격은 잔혹한 현실과의 대면이 아니라 언어의 찢김으로부터 비롯된다.

그렇기 때문에 트라우마적인 사건이 발생하면 또한 인간은 자연스럽게 찢긴 언어의 장막을 꿰매기 위해 노력한다. 찢겨 나간 부분을 수선하기 위해 다양한 수사학적 장치들을 동원한다. 언어의 탑을 쌓는 것이다. 신의 권위에 도전하기 위해서가 아니라 자신을 두렵게 하는 것으로부터 자신을 지키기 위해서다. 그리고 그 속에는 '모르고 싶다'가 아니라 '알고 싶다'의 포지션이 있다. 그때 무슨 일이 있었는지, 도대체 뭐가 문제인지를 알고 싶고 캐묻고 싶은 것이다.

우리를 괴롭히는 것, 우리를 분열시키는 것에 대해 우리가 취하는 통상적인 입장이 '알고 싶지 않다'임을 고려한다면 이는 놀라운 일이 아닐 수 없다. 무의식이란 무엇일까? 라깡은 무의식을 '알고 싶지 않음'의 입장이라고 정의한 바 있다. 우리 안에 우리와 관련된 뭔가가 있지만 우리가 알고 싶지 않은 것들이 있다. 우리 자신의 욕망과 관련해 받아들일 수 없고 견딜 수 없으니 알고 싶지 않은 것이다.

그런데 우리가 지금 취하는 포지션은 '알고 싶지 않다'가 아니라 '알고 싶다'이다. 과연 우리는 무엇을 알고 싶은 것인가? 진실을 알고 싶은 것인가? 진상을 규명하고 싶은 것인가? 하지만 진실이란 무엇인가? 배를 버려서는 안 되는 사람들이 배를 버리고 도망갔다는 사실인가? 아니면 구출하는 일을 해야 할 사람들이 아무도 구하지 못했다는 사실인가? 아니면 관리를 해줘야 할 사람들이 아무런 관리도 하지 못했다는 사실인가? 아니면 어떤 기이한 종교집단의 부조리함인가?

우리는 무엇을 찾고 있는 걸까? 계속 무언가가 나오지만 여전히 갈증은 풀리지 않는다. 분명한 것은 우리가 뭔가를 알아갈수록 우리는 점점 눈이 멀게 된다는 사실이다. 즉 지식의 맹목이 있다. 더없이 명백한 사실들이 있지만 우리는 만족하지 않고 그 이상의 뭔가를 찾는다. 특이한 것은 그렇게 그 이상의 뭔가를 찾는 한, 우리가 찾는 것은 합리적인 원인이 아닌 불투명한 원인이 된다는 것이다.

일련의 연쇄적인 원인이 있다. 하지만 원인은 밝혀질수록 불투명해진다. 처음에는 선장의 태만이 있었고, 그다음에는 정부의 무능력함이 있었고, 그러고 나서 한 종교집단에 주목했고, 최종적으로 한 종교지도자의 행적에 관심이 쏠리게 되었다. 그런데 그에 대해 점점 알아갈수록 그는 합리적으로 더욱 이해할 수 없는 형상이 된다. 그가 믿고 있는 것들을 넘어 그의 사생활이나 여자관계까지 거론되지만, 역설적이게도 그럴수록 그는 수수께끼 같은 인물이 된다.

그가 무슨 짓을 저질렀건 공개수배가 이루어진 것은 경제

사범이라는 명목 때문이지만 우리가 그에게서 보기를 원하는 것은 그 이상이다. 즉 우리가 입은 형언할 수 없는 충격에 상응하는 어떤 불투명한 원인, 드라마틱한 원인이 있어야 한다. 우리는 합리적인 형상이 아니라 잔혹하고 파렴치한 형상을 기대한다. 우리를 파멸로 몰아갈 수 있는 어떤 잔혹한 형상의 타자. 그가 도망칠수록 그는 더욱 기괴해지고 심지어 외설적인 형상이 된다.

트라우마의 타자_

그런데 우리는 외상의 원인으로부터 얼마만큼이나 떠내려가고 있을까? 과연 우리가 알고 싶다고 이야기할 수 있는 걸까? 알고 싶은 것처럼 보이지만 진실에 대한 욕망이라고 보긴 어렵다. 알고 싶다고 외치지만 우리는 알아갈수록 눈이 멀고 있는 것 또한 부인할 수 없는 사실이다.

우리가 찾는 진실은 트라우마에 상응하는 잔혹한 타자일 것이다. 9·11 사태는 테러임이 분명하지만 이후 테러로 유발된 트라우마에 대한 조치들에는 바로 그것을 불러일으킨 잔혹한 타자를 확인하고 구성하는 과정이 있었다. 오사마 빈 라덴 역시 잡히지 않고 도망치는 과정에서 점점 불가사의하고 수수께끼 같은

트라우마 이후의 삶

형상이 되었다.

우리는 과연 그가 산 채로 잡혀서 모든 것이 밝혀지기를 바랐을까? 우리가 원한 것은 그가 모든 원인의 불투명성을 안고 사라지는 것이 아니었을까? 그가 잔혹한 타자로 사라지기를 바랐지, 한 명의 평범한 가장이나 신앙심 깊은 종교지도자로 사라지기를 바라지는 않았을 것이다. 그렇다면 과연 잔혹한 타자란 트라우마의 원인일까, 아니면 트라우마를 처리하기 위한 하나의 방편일까?

프로이트가 트라우마의 문제와 처음 마주쳤을 때 당면했던 문제가 바로 이것이다. 환자들이 보이는 신경증의 증상은 어렸을 적에 겪은 유혹의 사건으로부터 비롯된 것이었다. 유혹의 사건이 원인이기 때문에 이를 '유혹설' 혹은 '뉴로티카(neurotica)'라고 했다. 모든 유혹설의 중심에는 바로 쾌락과의 만남이 있다. 잔혹한 타자, 나를 해치는 타자, 나를 착취하는 타자, 나를 이용하는 타자와의 만남이다. 히스테리 환자들이 이야기하는 타자의 전형적인 형상이라 할 수 있다.

왜 배가 뒤집어졌는지가 분명하고 어떻게 해서 많은 사람들이 희생되었는지가 분명한 세월호 참사의 경우는 비교적 답하기가 어렵지 않겠지만, 트라우마가 개인의 은밀한 차원으로 내려갈수록 그 원인은 특정하기가 굉장히 어려워진다. 그렇기 때문에 프로이트는 늘 어떤 의문을 갖고 있었다. 트라우마적인 사건이 정말로 일어난 일인가? 과연 환자가 보았다고 추정되는 광경은 발생한 일인가, 아니면 그저 그의 상상력에 불과한 것인가?

분명한 것은 그 사건이 일어났든, 일어나지 않았든 우리는 지금 나름의 표상들을 동원해서 찢긴 상처를 봉합하고 있는 중이라는 것이다. 자가 치료 중인 것이다. 원인들의 사슬을 끼워가며 궁극적으로 잔혹한 타자의 현상을 만들어내면서 우리는 나름대로 노력하고 있다.

절대적 무력 상태_

우리가 알고 싶다는 명목으로, 그러니까 진실 규명이라는 명목으로 쏟아내는 언어들을 한 꺼풀 벗겨내면 거기에는 우리가 느끼는 것들이 있다. 경악, 불안감, 죄의식, 분노 등과 같은 정동(情動)들이다. 그런데 도대체 우리는 무엇에 분노하는 것일까? 무엇에 대한 죄의식일까? 우리는 정부가 무능력하기 때문에 분노하는 것일까? 아니면 선장이 배를 버리고 달아나서 분노하는 것일까? 그것을 보고 어떻게 분노하지 않을 수 있을까?

모든 사람들이 분노하지만, 그럼에도 그 누구도 자신이 그런 상황 속에서 선장처럼 행동하지 않으리라고는 확신할 수 없을 것이다. 우리가 느끼는 분노는 사실은 우리 자신에 대한 분노일지 모른다. 일차적으로는 그들을 지키지 못한 타자에 대한 분노이겠지만, 알고 보면 우리 자신 역시 마찬가지로 그들에게 힘이 되어주지 못한 타자들이다.

따라서 분노의 껍질 속에는 죄의식이 있다. 특히 희생당한 사람들이 어린 학생들이기 때문에 우리는 그들의 기원인 어른으로서 죄의식을 가질 수밖에 없을 것이다. 희생자들이 무력한 상태에 놓인 인간이었기에 그들을 지켜주지 못한 것에 대해 우리는 죄의식을 가질 수밖에 없으며, 그래서 우리는 우리 자신에게 분노한다.

하지만 우리가 분노한다면, 그 이유는 무엇보다 그 상황이 우리 자신에게도 닥칠 수 있기 때문일 것이다. 우리는 밖에서 그들을 보았지만, 어떤 의미에서 우리는 배 안에 있는 사람들이기도 하다. 배가 침몰하는 장면을 보면서 우리는 무기력한 우리 자신을 보는 것이다. 무기력한 상태에서 타자들을 기다리고 있지만 아무도 응답을 해주지 않는 상황.

타자가 꺼내주지 않으면 안 되는 상황, 혼자 힘으로는 절대로 빠져나올 수 없는 상황, 타자에게 절대적으로 종속된 채 구출을 기다리지만 아무도 응답하지 않는 상황이다. 우리는 어른으로서 책임을 통감하고 죄의식을 느끼지만, 또한 우리 자신이 모두들 한 명의 아이다. 무기력하게 누군가를 기다리던 아이. 바로 이러한 위치에서 우리는 다시 타자로서의 우리 자신을, 타자로서의 정부를, 선장을, 혹은 어떤 종교지도자를 비난한다.

트라우마적인 사건은 우리가 유년 시절에 처했던 바로 그 절대적인 무력감을 환기시킨다. 1926년 프로이트는 〈억압, 증상, 그리고 불안〉에서 이 절대적 무력 상태를 'Hilflosigkeit'라고 쓴 바 있다. 비탄, 곤궁, 조난의 상황이다. 무기력한 상태에서 살려달라고 외치지만 아무도 도와주지 않는 상황이다.

이미 우리는 유년 시절에 그런 상황을 경험했다. 어머니에게 기생하던 시절, 어머니 없이는 목숨을 연명할 수 없던 시절, 오로지 타자에게 종속된 채 생존할 수밖에 없던 시절, 우리는 어머니와의 분리를, 어머니의 신체와의 분리를 경험할 수밖에 없었다. 우리에게 양식이 되었던 젖가슴과의 분리, 우리에게 생명줄과도 같았던 어떤 원초적인 대상과의 분리로 절체절명의 위기를 경험할 수밖에 없었다. 그런 의미에서 프로이트는 외적인 위험이란 우리가 인생에서 경험한 그 첫 번째 위험을 환기시킬 뿐이라고 말한 바 있다.

트라우마 이후의 삶

죽음에 실패한 사람들_

이를 통해 세월호 앞에서 우리가 다양한 포지션으로 자리잡고 있다는 사실을 알 수 있다. 우리는 서서히 가라앉는 거대한 배를 바라볼 수밖에 없는 무능력한 타자의 위치에 있었다. 하지만 배 안에 있는 무기력한 아이들의 위치에 있기도 했다. 타자의 위치에서 우리 대신 책임져줄 누군가를 원했지만, 무엇보다 그러한 타자의 위치에 있는 우리 자신을 원망하기도 했다. 그러면서 우리는 무기력한 아이들의 위치에서 타자를 비난하기도 했다.

하나의 사건이 벌어졌지만 다양한 수준이 존재한다. 일단 죽음이 아슬아슬하게 비껴간 사람들, 소위 죽음의 문턱에서 생존한 사람들이 있다. 그리고 사랑하는 자식을 잃어버린 가족들이 있다. 물론 우리는 결코 그들이 될 수 없다. 그들의 경험은 형언할 수 없는 경험, 공유할 수 없는 경험이다.

그들과 우리가 다른 점은 우리는 뭔가를 떠들 수 있고, 인터넷 검색을 할 수도 있고, 온갖 표상들 사이로 우리의 정동들을 밀어 넣어 분산시킬 수 있다는 것이다. 자책하기도 하고, 규탄하기도 하고, 또 누군가를 목표로 삼아 그에게 책임을 몰아주기도 한다. 이를테면 나름의 내러티브를 구성하며 우리는 자가 치료를 하는 셈이다. 이 사건이 우리의 유년기적인 무기력함을 환기시켰다면, 우리는 표상의 연쇄를 통해 애초의 사건으로부터 멀리까지 떠내려가면서 그것을 나름의 방식으로 망각해가고 있는 중이다.

이것이 바로 우리의 신경증이 구성되는 방식이다. 요컨대 신경증의 증상이란 견딜 수 없는 정동을 견디는 한 방법이다. 앞서 이야기한 잔혹한 타자들은 어떤 의미에서 우리의 증상이라 할 수 있다. 그들이 트라우마의 불투명한 원인을 집약하고 있다는 점에서 우리는 그들을 통해 트라우마의 참혹한 현실을 마감질한다. 그리고 그러한 증상은 우리의 책임을 해석 가능한 표상의 연쇄를 따라 타자에게 전가시킨다는 점에서 또한 전이적(轉移的)인 신경증이라 할 수 있다.

하지만 죽음을 간신히 모면한 사람들, 그리고 소중한 대상들이 사라져가는 장면을 목격한 가족들은 자가 치료조차 불가능한 사람들이라 할 수 있을 것이다. 어떤 표상의 연쇄로도, 어떤 내러티브로도 치유될 수 없는 상처를 입은 사람들이다. 우리가 누군가를 지목해서 비난하는 것과 자신이 짊어진 책임의 무게를 감당하지 못해 절규하는 것은 분명 다르다.

세월호 참사가 그들에게 트라우마를 야기했다면 그들이 사랑하는 사람이 이 세상에 더 이상 존재하지 않기 때문만이 아니다. 단순히 사망을 통고받은 것이 문제가 아니다. 그들을 절망 속에 빠트린 것은 무기력한 상태에서 아이들이 서서히 죽어가는 과정을 지켜보고 있어야 했다는 사실이다. 그들은 어떤 의미에서는 죽어가는 자들의 시선과 마주한 사람들이라고 할 수 있다. 방금 전까지 통화하며 목소리를 들었던 아이들이 서서히 사라지는 것을 지켜봐야 했던 것이다.

살아서 돌아온 사람들 역시 마찬가지다. 그들에게 가장 충격적인 일은 그들이 죽을 뻔했다는 사실이 아니라 죽지 못했다는 사실이다. 다시 말해서 죽어가는 자의 시선을 목격했다는 사실이다. 그리고 최후의 순간에 마주친 시선으로 죽음의 시선을 자신에게서 떼어내는 것이 어려워졌다.

그렇기 때문에 어떤 의미에서 이들은 성공한 사람들이 아니라 실패한 사람들이다. 함께 죽지 못해 죽음에 실패한 사람들이면서, 동시에 살아 있어도 산 것이 아니라는 점에서 생존에도 실패한 사람들이다. 이러한 경우 트라우마는 그들에게 신경증적인 증상, 즉 전이적인 신경증을 만들어내지 못한다. 트라우마적인 사건이 발생시킨 충격이 표상의 연쇄로 통합되어 타자와의 관계 속에서 용해될 수 있는 것이 아닌 한, 전이적인 신경증으로의 길이 열리지 않는다. 이때 그들에게 남은 길은 트라우마가 표상의 매개체를 거치지 않고, 즉 타자를 경유하지 않고, 그들 자신의 육체에 직접적인 영향을 각인하는 것이다. 소위 정신신체현상(phénomène psychosomatique)이 바로 그런 결과 중 하나다.

또 유사한 맥락에서 그들에게 애도란 불가능하며 멜랑꼴리적인 대상화가 발생할 가능성이 많다. 표상의 연쇄를 경유하지 않고 대상에 직접적으로 동일시하는 것이다. 이들은 한편으로 그들을 죽게 놔둔 자이면서, 동시에 자신들이 죽인 바로 그 대상이기도 하다. 다만 이러한 동일시는 우리가 세월호의 희생자들에게 했던 것과는 좀 다른 동일시라고 할 수 있다. 그것은 자기 비난의 사슬로부터 빠져나오는 것이 불가능한 동일시, 책임을 타자로 돌릴 수 없는 동일시다.

　　요컨대 우리처럼 타자에게 책임을 돌리기보다는 자신이 모든 책임을 떠맡고 스스로를 끊임없이 비난할 수밖에 없다. 그들이 정부의 무책임함을 질타하는 것은 우리가 정부를 비난하는 것과 다르다. 우리는 정부를 비난하면서 우리 자신의 책임을 덜어내지만, 그들은 아무리 정부를 비난해도 자신의 책임을 덜어낼 수 없다. 자신의 책임을 덜어내거나 공유하기 위해 타자를 비난하는 것이 아니다. 어떤 의미에서 그들에게는 타자의 존재가 더 이상 불가능한 경우라고 할 수 있다. 타자를 비난하는 것은 곧 자기 자신을 비난하는 것이나 다름없기 때문이다.

　　　　　　　　　　　　　　　　　　　트라우마 이후의 삶

3장   트라우마의 논리학

"하나의 사건은 그 자체가 아니라 다른 사건과의 관계 속에서 결정된다."

우리는 무의식적인 기억이라는 보이지 않는

당구공을 가지고 게임을 하고 있다.

현재의 기억이, 그리고 앞으로 도래할 미래의 기억이

암초처럼 숨어 보이지 않는 기억의 알갱이들과 부딪히면서

게임의 판도가 완전히 뒤바뀔 수 있다는 말이다.

사후의 논리학_

프로이트에게 트라우마가 문제가 된 것은 신경증의 원인을 찾는 과정에서였다. 1890년대 히스테리를 연구하는 과정에서 프로이트는 히스테리 증상의 원인으로 어떤 사건을 추정해내면서 트라우마에 대해 이야기하게 된다. 그는 신경증이란 것이 어떤 불쾌한 정동과 과잉의 에너지가 적체되면서 발생한 정신적인 갈등에서 비롯된 것이라고 생각했다.

그렇다면 문제는 불쾌한 정동을 발생시키는 원인은 무엇이냐이다. 프로이트가 제일 먼저 생각했던 것은 바로 유혹이라는 사건, 좀 더 정확히 말하면, 유혹이라는 사건의 표상이다. 유혹이라는 사건이 정신에 표상을 남기면 그 표상이 불쾌한 정동을 발생시키고, 그렇게 되면 정신이 불쾌한 정동을 감당하지 못하게 되어 애초의 표상을 억압하게 된다. 그리고 표상과의 고리가 끊어진 불쾌한 정동이 다른 표상과 결합되어 나타나는데, 이것이 바로 증상이다.

프로이트가 유혹이 트라우마가 될 수 있다고 생각할 때 염두에 둔 것은 무엇보다 타자에게 강요된 성, 추행이라든가 성적인 폭행 등과 같은 사건이었다. 성적인 유혹이 트라우마가 되어 신경증이 만들어진다는 것이다. 이것이 트라우마와 관련해 프로이트가 발견한 첫 번째 사실이라면, 두 번째 사실은 트라우마라고 명명될 수 있는 사건이 트라우마가 되는 것은 소급적인 효과에 의해서라는 것이다. 즉 하나의 사건이 사후적으로 나중에 그 의미가 결정된다는 것이다.

프로이트가 히스테리 환자들을 연구하는 과정에서 확인한 사실은 애초의 사건은 별다른 의미가 있는 것이 아니었다는 것이다. 어렸을 때에는 원래 무의미한 사건이었는데 나중에 사춘기를 지나며 성적인 의미를 깨닫게 되어 이전의 사건이 소급적으로 성적인 사건으로 규정되면서 트라우마적인 사건이 되는 것이다. 애초의 사건(장면 1)도 무의미한 것이고, 두 번째 사건(장면 2)도 그 자체로만 보면 그렇게 불쾌한 일은 아니라고 해도, 별로 충격적이지 않은 장면 2가 장면 1을 성적인 사건으로 결정하면서 장면 1이 정신이 감당할 수 없는 갈등을 불러일으킬 수 있다. 별로 중요하지 않을 수도 있는 두 개의 사건이 서로 연상 관계를 맺으면서 시너지 효과가 생긴다.

《정신분석의 탄생》에서 프로이트가 제시한 엠마의 사례를 생각해보자. 엠마는 상점에 혼자 들어가지 못하는 여성이다. 상점에 혼자 들어가는 것이 불안한 그녀는 자신의 그러한 증상과 관련해 열두 살 때 상점에 들어갔다가 점원에게서 성적인 조롱을 당한 것을 기억해낸다. 두 명의 점원이 있었는데, 한 명은 그녀의 옷차림을 보고 비웃었고, 또 한 명은 별말을 하지는 않았는데 그녀가 보기에 성적으로 매력이 있었다는 것이다.

이것이 그녀가 생각하는 증상의 원인이라고 할 수 있을 텐데, 프로이트는 그 사건이 증상을 결정짓기에는 충분하지 않다고 추정한다. 단순히 점원이 옷차림을 비웃었기 때문에 상점에 혼자 들어가는 것을 불안해한 것이라고 보기는 어렵다는 것이다. 거기에는 숨겨진 무언가가 있지 않을까? 게다가 점원 한 명은 그녀를 조롱했지만, 또 다른 한 명은 그녀의 마음에 드는 사람이었다. 이는 그녀가 성적인 조롱에 대해 단순히 불쾌함만을 느낀 것은 아닐 수 있다는 것을 뜻한다. 그녀가 성적인 조롱을 즐겼다고는 할 수 없지만 거기에는 애매모호한 태도가 있다는 것이다.

그다음 세션에서 엠마는 보다 훨씬 오래된 장면을 기억해낸다. 여덟 살 때 사탕을 사기 위해 상점에 들어갔는데 그때 상점 주인이 그녀의 옷 속에 손을 넣어서 성기를 만졌다는 것이다. 그런데 그녀는 그러한 경험에도 불구하고 그다음에도 그 상점에 다시 갔던 기억이 있다.

장면 1과 장면 2라는 두 개의 사건이 있다. 진술한 순서로는 장면 2가 먼저다. 보다 앞서 발생한 장면 1은 더 나중에 진술한 것이다. 흥미로운 것은 장면 2가 발생했을 때 엠마는 장면 1을 기억하지 못하고 있었다는 사실이다. 의식의 범위를 벗어난 곳에서 두 개의 장면이 연상 작용을 일으킨 것이다.

프로이트는 이 두 개의 장면에 둘을 무의식적으로 잇는 고리가 있다고 추정한다. 그 고리는 바로 웃음이다. 장면 2에서 목격한 점원의 웃음이 그녀 자신도 모르는 사이에 장면 1에서 본 상점 주인의 웃음을 연상시킨 것이다. 그녀도 모르는 사이에 연상이 일어났으며, 두 장면은 모두 그녀가 상점에 혼자 갔다는 것이 공통적이다.

중요한 것은 장면 1을 경험할 때에는 어린 나이였기 때문에 추행을 당하고 있었음에도 불구하고 성적인 정동과 연합되지 않았다. 그것이 성적인 정동과 연합되어 트라우마적인 사건이 된 것은 그녀가 사춘기를 겪으면서 장면 2를 경험했을 때다. 장면 2를 경험하며 성적인 의미를 알게 되면서 장면 1이 성추행 장면으로 규정되었고, 그 후 엠마는 성추행을 당하는 것이 두려워 상점에 들어가지 못하게 되었다는 것이다.

물론 그녀가 의식 속에서 생각해내는 두 장면 사이의 고리들은 그녀의 무의식 속에서 작동하는 고리들과는 다르다. 웃음이라든가, 그 웃음이 옷에 대한 것이라든가 하는 사실은 의식 속으로 들어올 수 있는 요소인 반면, 성추행과 관련된 사실은 억압되어 있기 때문에 그녀의 의식 속으로 들어올 수 없다.

장면 2가 장면 1을 성추행 장면으로 규정하면서 성추행과 관련된 사실이 억압되고, 그러면서 그것이 증상으로 되돌아온 것이 바로 상점에 혼자 들어가지 못하는 히스테리적 불안이다. 프로이트는 바로 이 지점에서 기억이 트라우마가 되는 것은 오로지 사후작용을 통해서라고 공식화하게 된다. 이는 우리의 삶이 우리가 의식하는 방식, 우리의 의식이 조명할 수 있는 방식이 아니라 우리의 의식을 초과하는 연상의 논리에 의해 결정된다는 것을 전제한다.

1895년에 출간된《히스테리 연구》의 모든 사례가 바로 이런 식의 사후결정론을 기본 골격으로 하고 있다. 조금씩 다른 방식으로 변주되긴 하지만 기본 구조는 동일하다. 즉 하나의 사건은 그 자체가 아니라 다른 사건과의 관계 속에서 결정된다.

논리적 시간_

첫 번째 사건이 있고 나서 긴 유예의 기간이 있었다. 라깡은 첫 번째 사건이 발생하는 시간을 '보는 순간(le temps de voir)'이라고 불렀다. 말 그대로 보는 시간이지만 자기가 뭘 보는지를 모르는 시간이다. 그러고 나서 '이해의 시간(le temps pour comprendre)'이 온다. 곧 자신이 본 것의 의미를 소급적으로 이해하는 시간이다. 그리고 어떤 증상이 발생하는 시간이 온다. 그것은 '결론을 내리는 시점(le moment de conclure)'이다.

이 세 종류의 시간으로 구성된 시니피앙의 논리학은 기존의 발달론적인 도식, 연속적인 시간, 손목시계의 시간을 완전히 뒤집는 것이다. 연속적인 시간이란 끊기지 않고 하나로 이어진 시간 속에서 인간이 아주 조금씩 성장하는 것을 함축한다. 물론 지금 우리의 의식이란 관점에서 볼 때에는 우리가 존재했던 시간은 연속적인 것처럼 보인다. 우리의 의식은 불연속을 인정하지 않으려고 한다. 우리는 마치 태어나서 지금까지 계속해서 하나의 의식으로 존재해왔다고 믿고 싶어 한다.

하지만 그것을 증명할 방법은 사실상 존재하지 않는다. 우리는 여태까지 경험한 모든 것을 기억하고 있지 못할 뿐만 아니라 늘 명철한 의식 속에서 살아오지도 않았다. 하루의 절반을 비

트라우마 이후의 삶

몽사몽으로 살고 있다. 뭔가 흥미진진한 장면을 보거나 특별한 체험을 할 때에는 넋을 잃을 뿐만 아니라 하루의 절반은 잠을 잔다. 사실을 말하자면, 오히려 우리는 기억하는 것보다 잊어버리는 것이 많다. 우리가 살면서 체험한 것 중에 의식 속에 남겨진 것은 많지 않다. 더군다나 자기 몸에서 벌어지는 모든 일을 하나하나 신경 쓰면서 살지도 못한다. 결국 시간의 연속성이란 의식의 환영일 뿐이지 실제적인 시간의 속성은 아니다.

프로이트는 그럼에도 어떤 흔적들이 남아서 우리의 인체와 정신에 영향을 미친다고 보았다. 물론 발달론적인 도식도 나름의 기억을 전제하지만, 정신분석학의 주장이 발달론적인 도식과 다른 점은 그 기억의 속성, 시니피앙의 속성으로 인해 그것이 영향을 미치는 방식이 불연속적이라는 것이다.

우리는 지금 증상이 만들어지는 방식을 소위 기억의 통사론이란 입장에서 살펴보고 있기 때문에 그 불연속성을 분명하게 파악할 수 있다. 기억이 마치 당구공처럼 맞부딪히면서 병리적인 증상을 밀어내는 것이다. 이런 식의 소급적인 결정으로 인해 우리는 무엇이 발달의 요인이 될지, 외상적인 요인이 될지를 미리부터 추측할 수 없다. 기억의 알갱이를 당구공과 비교했는데 사실 당구와 증상 형성의 차이를 말하자면, 당구는 가시적인 당구대 위에서 벌이는 게임인 반면, 증상 형성의 토대가 되는 기억의 네트워크는 눈에 보이는 것이 아니다.

당구와는 달리 기억의 네트워크는 다 조망할 수 없기 때문에 우리는 기억의 알갱이들이 어디에 숨어 있는지 알 수 없다. 요컨대 우리는 무의식적인 기억이라는 보이지 않는 당구공을 가지고 게임을 하고 있다. 현재의 기억이, 그리고 앞으로 도래할 미래의 기억이 암초처럼 숨어 보이지 않는 기억의 알갱이들과 부딪히면서 게임의 판도가 완전히 뒤바뀔 수 있다는 말이다.

환상적 트라우마_

이것이 바로 유혹설이라면, 1905년에 펴낸 《성욕에 관한 세 편의 에세이》를 기점으로 프로이트는 이러한 사건의 기저에서 유아성욕을 발견하게 된다. 유혹이 성인에 의한 성욕의 강제였다면, 유아성욕설은 아이가 원래부터 성적인 충동을 갖고 있다는 입장을 함축한다.

사건이 실제로 일어난 것인지, 일어나지 않은 것인지는 중요하지 않을 수 있다. 프로이트는 아이가 성장하는 동안 충동이 발달하는 과정이 있다고 생각했다. 사건은 그러한 충동의 발달 과정에 의해 성적인 의미를 부여받는다. 증상의 원인이 있는 자리에는 실제로 발생한 사건이 아니라 충동의 형성물이라고 할 수 있는 환상이 자리잡게 된다. 공표할 수 없는 욕망, 검열된 욕망, 근친상간의 욕망을 실어 나르는 환상이 모든 사건의 발단이라는 것이다.

신경증의 진실은 어떤 사건이 아닌 환상에 있다. 객관적인 현실이 아닌 심리적인 현실, 그것도 환자 자신이 알지 못하는 욕망의 현실이 있다. 프로이트는 욕망의 현실이라고 할 수 있는 그 환상 속에 환자 자신이 감당하지 못하는 뭔가가 있기 때문에 정신적인 갈등이 일어나고, 그것이 결국 증상으로 이어지는 것이 아닌가 하는 가정을 하게 된다.

프로이트의 늑대인간 사례를 보자. 프로이트가 늑대인간이라고 칭한 세르게이는 돈 많고 공부를 많이 한 러시아 청년으로 스물네 살에 프로이트를 찾아왔다. 그는 한 요양원의 간호사를 유혹하려다가 실패해서 실의에 빠져 있었고 여러 가지 증상들을 갖고 있었다. 강박증적인 가학성을 보였고, 늑대나 나비에 대한 공포증도 있었다. 프로이트는 늑대인간이 기억해낸 것들과 꿈을 통해 늑대인간이 유아기에 어머니와 아버지가 성교를 하고 있는 장면을 본 것이 아닌가 하는 질문을 던지게 된다. 프로이트는 후배위로 아버지가 어머니 뒤에 올라탄 장면이 그에게 원초적인 장면으로 자리잡은 것이 아닌가 하는 의문을 던진다. 우리가 생각하기에는 그 장면이 아이한테 충격적인 장면이기 때문에 증상을 만들어내는 트라우마라고 생각할 수 있을 것이다.

하지만 보다 새로운 관점에서 프로이트는 그 장면이 실제로 일어난 것이 아니라 아이가 자신의 충동이 발달하는 과정에서 구성해낸 장면이라고 추정한다. 아이가 성기적인 충동이 발달해서 그것으로 아버지를 겨냥하면서 동성애적인 환상을 갖게 되었다는 것이다. 아버지를 겨냥하고 자신을 어머니와 동일시했다는 것이다. 그 장면 속에서 아버지 밑에 깔려 있는 사람은 결국 자기 자신이었다. 그는 어머니처럼 성교를 당하는 환상을 갖고 있었던 것이다.

어머니처럼 성교를 당하는 것은 결국 어머니처럼 거세를 당한다는 뜻이 된다. 아버지로부터 사랑받기 위해서는 어머니처럼 거세당해야 하는 것, 그것이 아이가 갈등을 일으키는 요인이 된다. 자신의 남근을 보존하느냐, 아니면 어머니처럼 거세당하느냐 하는 갈림길에서 동성애적인 환상은 억압이 된다.

그러면 동성애적인 환상에 의해 짜여 있던 충동은 항문기나 구강기로 퇴행하게 된다. 어머니처럼 성교를 당하는 것이 성기적인 충동과 연관이 있다면, 그것이 항문기로 퇴행하게 되면 어떻게 될까? 자신이 매 맞는 가학적인 환상으로 나타날 것이다. 구강기로 퇴행하게 되면 잡아먹히는 환상, 가령 늑대에게 잡아먹히는 환상으로 나타나게 될 것이다. 프로이트는 바로 여기서 세르게이의 증상들, 즉 잔인함이나 가학성, 늑대에 대한 공포증이 기인한다고 보았다.

동성애적인 환상으로 실현된 성기적인 충동을 억압하게 되면, 퇴행을 통해 항문적이고 구강적인 형태의 증상들이 만들어진다. 물론 억압된 것은 그냥 억압되기만 하는 것이 아니다. 억압된 동성애적인 충동과 수동적인 충동이 구강적이고 항문적인 형태 속에서 만족되는 것이다. 이런 점에서 증상은 또한 타협형성이라고 이야기할 수 있다.

증상은 만족에 대한 충동의 집요한 요구와 억압하는 힘의 대립 속에서 양측을 동시에 만족시키는 타협의 산물이다. 두 개의 대립적인 힘이 자신의 요구를 관철시키기 위해 적당한 선에서 타협을 한다. 충동의 입장에서는 성기적인 형태로서의 만족을 포기하는 대신, 퇴행적인 형태로나마 만족을 얻게 되고, 억압하는 힘의 측면에서 봤을 때에는 퇴행적이고 환상적인 방식으로의 만족을 내주는 대신, 성기적인 충동의 요구를 제압하는 성과를 거두는 것이다.

트라우마 너머_

결국 증상을 만들어낸 트라우마적인 요소는 세르게이가 경험한 사건이 아니라 어떤 장면, 환상(fantasme)이다. 이것을 우리는 상상적인 트라우마라고 부를 수 있을 것이다. 그리고 이와 대비해 앞서 언급했던 유혹설에서 상정된 트라우마적인 사건은 현실적인 트라우마라고 부를 수 있을 것이다.

유혹설에서 성욕설로의 전환은 트라우마 이론의 포기가 아니라 트라우마의 속성을 새롭게 규정하는 것이라고 할 수 있다. 곧 현실적인 트라우마에서 상상적인 트라우마로 전환하는 것을 의미한다. 바로 여기서 정신분석학사에서 트라우마라는 것이 현실적인 것인가, 환상적인 것인가 하는 질문이 제기되었다. 유혹설에서 환상설로 전환하는 과정에는 물론 현실적인 사건이 상상적인 장면으로 바뀌는 과정이 있지만, 중요한 것은 현실이냐, 상상이냐가 아니라 바로 현실과 상상 속에 담긴 무엇이다. 정신이 감당하지 못하는 것은 현실이나 상상 그 자체가 아니라 그 속에 담겨 있는 무엇이라는 말이다.

유혹설에서 현실적인 사건이 트라우마적인 효과를 만든다고 했는데, 엄밀히 보면 트라우마의 원인은 사건 자체가 아니다. 애초의 사건은 무의미했을 뿐, 그것이 트라우마적인 사건이 되는 순간은 어떤 정동을 불러일으킬 때에 한해서다. 애초에 무의미한 사건이었다는 것은 결국 그저 하나의 표상에 불과하다는 것을 의미한다. 사건이 아니라 사건의 표상이 문제다.

그런 의미에서 사건의 표상이 유아성욕설의 등장과 더불어 환상이라는 개념으로 전환되는 것은 당연하다. 물론 사건의 표상의 경우 그 표상이 가리키는 어떤 사건이 있지만 어쨌거나 그것이 외상적인 의미를 지니는 것은 사건이 표상의 연쇄 속에 기입되어 있을 때다.

유혹설에서의 현실이 표상의 연쇄 속에 기입된 현실이라는 것은 결국 그것이 상징화된 현실, 상징적인 현실이란 뜻이다. 하나는 상징적인 현실이 문제인 경우고, 또 하나는 상상적인 현실이 문제가 되는 경우다. 중요한 것은 상징적이건 상상적이건 결국 트라우마를 만들어내는 것은 현실 자체가 아니라는 것이다. 트라우마를 만든 것은 그 속에 포장된 현실적인 무엇이다. 프로이트가 "표상이 불러일으킨 불쾌한 정동"이라고 말했던 것, 그리고 환상설에서 충동이라고 언급한 바로 그것이다.

이는 결국 하나의 문제의식으로 축소될 수 있다. 트라우마의 두 가지 이론에서 공통적인 문제는 이 현실적인 것이란 무엇이냐이다. 유혹설에서 프로이트가 제시한 증상 형성 논리는 일차적으로는 정신에 충격을 일으킨 트라우마적인 사건의 표상들이 어떤 방식으로 결합되고 분절되는지를 보여준다. 이는 정확히 트라우마의 형성이 트라우마에 접근하는 두 가지 축 중 하나인 언어와 밀접한 연관이 있음을 함축한다. 하지만 우리는 트라우마가 형성되는 방식과 트라우마를 만드는 원인을 구분할 필요가 있다. 트라우마의 원인은 언어적으로 구축된 우리의 현실이 우리가 경험한 것을 감당하지 못한다는 사실과 연관이 있다.

우리는 유혹설에서 제시된 타자의 외설적인 모습이 우리의 현실 저 너머에 있는 것, 우리가 감당하지 못하는 그 무엇과 어떤 관계인가 하는 질문을 제기할 수 있다. 흥미로운 것은 유혹 사건의 타자의 형상, 나를 성적으로 착취하는 외설적인 타자는 유혹설에만 한정되지 않는다는 점이다. 환상설에서의 원초적인 장면 속 타자 역시 가학적으로 나를 착취하는 타자다. 그런데 세월호 참사에서 우리가 쫓는 타자 역시 잔혹한 형상의 타자와 다르지 않다. 트라우마와 이러한 타자의 형상은 어떤 관련이 있을까?

이 질문에 곧바로 답을 하지는 않을 것이다. 우리는 트라우마의 본질을 탐구하는 다소 먼 여정을 경유해서야, 다시 말해서 이 책의 마지막 장에 가서야 비로소 이 문제에 답을 할 권리를 갖게 되기 때문이다. 그렇다면 트라우마의 본질이란 무엇일까?

4장   증상과 환상 사이

"환상은 메워질 수 없는 구멍을 통해 죽음이나 성과 접속한다."

자명한 죽음이란 없다. 모든 죽음은 살아남은 사람에게

'어떻게 그런 일이 일어났을까?'라는 의문을 남긴다.

죽음이라는 결과는 그것의 명시적인 원인을 단번에 넘어선다.

특히 가까운 사람의 죽음은 일상의 두꺼운 껍질 아래

그와의 관계 속에서 묻어두었던 것들, 용납할 수 없었던 것들,

생각하고 싶지 않은 것들을 수면 위로 떠오르게 하는 사건이다.

죽음의 수수께끼

배가 침몰하고 그 안에 많은 사람들이 있었다. 우리는 우리 눈앞에 있었던 것이 사라져가는 것을 목격하고 있었다. 그 장면은 우리를 벽 앞에 세운 것처럼 우리의 생각, 판단, 상상을 순식간에 정지시켜버렸다. 요컨대 그 장면은 언어의 장막을 벗겨내고 그 장막 속에 감춰져 있던 현실의 맨얼굴과 마주하게 한 사건이었다. 그렇다면 우리가 목도한 현실의 맨얼굴이란 무엇일까? 현실의 맨얼굴은 우리가 앞서 찾았던 불투명한 원인과 어떤 관계가 있을까?

이 질문에 답하기 위해서는 트라우마가 발생하는 지점들에 좀 더 직접적으로 주목할 필요가 있다. 트라우마를 발생시키는 모든 사건들은 그것이 무엇이든 두 가지로 환원될 수 있다. 바로 죽음과 성이라고 명명될 수 있는 사건들이다. 죽음과 성은 트라우마가 발생하는 특권적인 장소다. 전쟁, 재난, 재앙도 이 목록에 포함될 수 있지만, 최종적인 심급에서 죽음이라는 최종적인 사건을 가리키지 않는다면 외상적인 사건은 될 수 없다.

예컨대 침몰하는 배에 아무도 없었더라면 그 일은 외상적인 경험이 될 수 없을뿐더러 오히려 우리는 정반대의 감정을 느낄 수도 있다. 우리의 상상력과 지적인 판단 형식을 넘어서는 광경을 보면서 느끼는 감정을 칸트는 '숭고함'이라고 했다. 그렇기 때문에 사람이 건물 꼭대기에서 떨어지거나 그런 장면을 보면서 느끼는 두려움과 번지점프를 하면서 느끼는 전율은 비교될 수 있는 것이 아니다. 역으로, 겉으로 볼 때 안전한 상태에서 발생하는 경험이 어떤 사람들에게는 외상에 가까운 효과를 만들어낸다면 그것은 어쨌든 최종적인 지점에서 죽음을 함축하기 때문이다.

죽음은 피할 수 없는 운명이라는 점에서 너무나 현실적이지만, 우리가 최후의 순간에야 비로소 실감하게 되는 가장 우발적인 것이다. 그런 점에서 죽음은 늘 최악의 것일 수밖에 없다. 우리는 언젠가는 필연적으로 흙으로 돌아갈 운명임을 알고 있지만, 나 자신 혹은 내가 사랑하는 사람들이 어느 날 갑자기 뜻하지 않게 사라질 수 있다는 사실에는 무관심하다. 반복되는 일상 속에서 죽음의 예각에 무뎌져 있는 것이다.

그래서 역설적이게도 현실적으로 발생한 죽음은 늘 수수께 끼로 남을 수밖에 없다. 자명한 죽음이란 없다. 병으로 죽음에 이르든, 사고로 죽음에 이르든 모든 죽음은 살아남은 사람에게 '어떻게 그런 일이 일어났을까?'라는 의문을 남긴다. 죽음이라는 결과는 그것을 발생시킨 명시적인 원인을 단번에 넘어선다. 죽음, 특히 가까운 사람의 죽음은 일상의 두꺼운 껍질 아래 그와의 관계 속에서 묻어두었던 것들, 용납할 수 없었던 것들, 생각하고 싶지 않은 것들을 수면 위로 떠오르게 하는 사건이다.

그가 병사했다면 내가 혹시 그의 발병에 일조한 것이 아닌지, 또 사고로 비명횡사했다면 내가 그의 불행을 바랐던 것은 아닌지 그동안의 일들을 들춰보며 의문을 제기하게 한다. 죽음은 그 자체로 불가해한 결과다. 우리는 그 불가해한 결과에 상응하는 불투명한 원인을 늘 다른 곳에서 찾을 수밖에 없다. 죽음은 우리의 삶을 수수께끼로 만든다. 그런 의미에서 죽음은 우리의 일상을 미궁 속에 빠뜨리는 암초이며 증상이 시작되는 출발점이기도 하다.

프로이트가 《꿈의 해석》 7장에 제시한 꿈에서 우리가 목격하게 되는 것도 바로 이러한 죽음의 수수께끼다. 아들을 잃은 아버지는 악몽 속에서 죽은 아들이 다가와 자신을 '바라보며' 비난하는 꿈을 꾼다. "제가 불타고 있는 것이 보이지 않나요?" 그 말에 아버지는 놀라 잠에서 깨는데 우연찮게 현실에서도 옆방에 불이 나 아들의 시신이 불타고 있었다. 꿈이 현실을 반영한 것일까, 아니면 현실이 꿈을 반영한 것일까?

　분명한 것은 꿈속에서 아버지는 자신을 비난하는 아들을 만날 수밖에 없었다는 사실이다. 아들을 지켜주지 못한 데 대한 죄책감일까? 아버지와 아들 사이에 말해지지 않은 것이 아들의 죽음을 계기로 아버지에게 수수께끼처럼 내던져진다. 우리는 살면서 모든 것을 말할 수 없다. 가까운 사람이기에 더더욱 말할 수 없는 것들, 그것들은 당연히 우리가 알고 싶지 않은 것이기에 우리 안에서 인식할 수 없는 형태로 남아 있다. 아들의 죽음은 그렇게 묻혀 말해지지 않은 것들이 악몽 속의 시선과 목소리라는 형태로 아버지를 겨냥한다.

　팽목항에 남겨진 사람들 역시 이와 다르지 않은 운명일 것이다. 바닷속에 가라앉은 사람들에게는 아직 다 말해지지 않은 것이 있으며 남겨진 사람들에게는 아직 다 듣지 못한 것이 있다. 아직 종료되지 않은 말들, 아직 꺼내보지도 못한 말들, 돌아오면 해줄 수 있으리라 생각했던 말들이 배가 가라앉으면서 영원히 계류되어버렸다. 영원히 어긋난 만남, 바로 그 지점에서 계류된 말들은 그들의 삶 속에서 풀어야 할 영원한 수수께끼가 된다. 일상에서 언젠가 들을 수 있으리라는 기대와 함께 묻혀 있던 말들이 이제 영원히 들을 수 없는 말들이 된다. 도달할 수 없는 말들, 불가능한 말들, 그것은 이제 꿈속에서나 들을 수 있게 되었지만, 꿈속에서 그것을 듣는 순간 꿈은 악몽이 된다. 계류된 말들이 비난의 목소리로 되돌아와 나를 뒤흔든다.

따라서 어떤 죽음이 우리에게 트라우마를 안길 수 있다면, 그 이유는 그 죽음이 던진 수수께끼가 마치 나를 하나의 대상처럼 집어삼킬 수 있기 때문이다. 앞서 우리는 죽음이 우리를 지켜보는 것에 대한 두려움을 언급했다. 누군가의 죽음이 남긴 수수께끼는 우리의 이성을 마비시키고 우리를 더 이상 사유할 수 없는 벽에 몰아세운다. 우리가 꼼짝없이 죽음의 시선과 마주하고 그 시선에 의해 집어삼켜지는 순간이다. 우리가 코너에 몰려 죽음의 대상이 되는 순간이다. 트라우마가 만들어지는 때는 정확히 우리가 대상으로 전락하는 순간이다.

쾌락의 수수께끼_

어떻게 성이 트라우마의 장소가 될 수 있을까? 쾌락의 경험은 인간에게 기쁨과 환희의 원천이 아닌가? 하지만 인간은 역설적이게도 자신을 즐겁게 하는 것 앞에서 두려움을 느낀다. 이것이 동물과 인간의 다른 점이다. 동물에게는 쾌락이 쾌락일 뿐이지만, 인간에게는 쾌락이 쾌락 이상이 될 수 있다. 그리고 쾌락이 쾌락 이상이 될 때 인간은 불안을 느끼게 된다. 즉 인간은 만족이 결핍될 때에는 아쉬워해도 예상치 못한 지점에서 쾌락이 발생하면 불안을 느낀다. 따라서 불안에 대한 보호 장치를 구비하지 않으면 온전하게 쾌락을 즐길 수 없는 것이 바로 인간의 속성이다.

요컨대 쾌락은 인간을 무화시킬 수 있는 치명적인 경험이다. 인간에게 충동(trieb)이란 동물처럼 타고난 본능(instinct)이 아니기 때문이다. 충동의 작용은 우리가 가진 지식을 초과한다. 성욕이 우리 존재의 가장 내밀한 곳에서 작동하는 것이라면, 성적인 경험은 우리를 우리의 내면 가장 안쪽에서부터 가장 낯선 것과 마주하게 하는 경험이다. 피부가 우리의 육체를 지켜주는 외피라고 한다면, 우리는 몇 개의 구멍을 통해 외부 대상들을 우리 안으로 밀어 넣는다. 쾌락이 발생하는 지점은 우리의 가장 은밀한 것이 가장 낯선 것과 만나는 지점이다.

바로 이런 이유에서 쾌락은 수치, 죄의식, 불안 등과 같은 내밀한 정동들과 뒤섞이며 우리의 존재를 뒤흔들고, 그 흔들림은 지워지지 않는 흔적을 남긴다. 인간은 성이 흔적을 남길 수 있는 유일한 존재다. 동물의 경우 성적인 경험에 의해 앞으로 자신이 어떤 존재가 될지가 결정되지 않는다. 그렇기 때문에 동물에게는 성적인 트라우마란 존재하지 않는다. 반면 인간의 경우에는 뜻하지 않은 쾌락이 앞으로 어떻게 살아야 할지를, 앞으로 어떻게 사랑하고 어떻게 욕망할지를 결정짓는 중요한 순간이 될 수 있다. 그래서 사춘기라는 시기는 인간에게 더없이 중요하다. 성에 대해 무방비 상태인 사춘기에 성과 만나는 일은 우리의 존재를 뒤흔들어 삶을 굴절시킨다.

성적인 경험이 우리에게 트라우마가 될 수 있는 이유는 우리의 가장 안쪽에서부터 우리를 무력화시키기 때문이다. 우리가 안쪽에서부터 무력화된다는 것은 우리 자신을 분열시키는 것 외에는 우리를 방어할 수 있는 것이 아무것도 없다는 것을 뜻한다. 추위로부터 자신을 지키기 위해서는 옷을 입으면 되고, 폭력으로부터 자신을 지키기 위해서는 갑옷을 입으면 된다. 하지만 쾌락 앞에서 우리는 무엇을 입을 수 있을까? 쾌락은 우리를 벌거벗은 상태로 내던진다.

결국 쾌락으로부터 자신을 지키기 위해 스스로를 분열시키는 것을 프로이트는 '방어(défense)'라고 부른 바 있다. 방어가 없다면 인간은 쾌락 앞에서 발가벗겨진 무기력한 영혼이 될 수밖에 없다. 따라서 성폭력이 트라우마를 만들 수 있는 이유는 단순히 폭력이기 때문이 아니다. 무엇보다 우리를 대상으로 만드는 경험이기 때문이다. 쾌락은 우리를 압도하며, 우리 자신은 쾌락을 즐기는 사이에 쾌락의 대상이 되어버린다. 그래서 충동의 만족은 정신병자들에게 박해 망상의 원천이다. 자신이 타자의 대상이 되는 것이다.

표상 불가능한 것_

우리의 정신이 전혀 아무런 준비가 되지 않은 상태에서 만나게 되는 성적인 경험은 우리에게 기쁨을 주지 못한다. 거기에 기쁨이 있다면 죽음의 뉘앙스를 띨 수밖에 없다. 그런 의미에서 프로이트는 죽음 충동(pulsion de mort)이라는 개념을 고안해냈다. 죽음 충동이란 우리가 자신의 안녕이 아닌 파괴로 귀착하도록 하는 충동을 말한다. 쾌락에 대한 탐닉은 궁극적으로 우리의 육체를 파괴한다. 성적인 경험 속에는 우리의 정신이 제대로 씹어 삼킬 수 없는 어떤 이질적인 차원이 있기 때문이다. 바로 그것 때문에 성은 또한 트라우마가 발생할 수 있는 특권적인 장소가 된다.

죽음과 성은 프로이트가 무의식 속에 표상될 수 있는 것이 아니라고 언급한 두 가지이기도 하다. 예컨대 우리의 무의식은 죽음이란 게 뭔지를 알지 못한다. 마치 어린아이가 죽음을 알지 못하는 것처럼 말이다. 어린아이는 가족이 죽어도 죽음에 대한 개념을 갖고 있지 않기 때문에 그 사람이 잠시 자리를 비운 것일 뿐 언젠가는 다시 돌아올 거라고 생각한다. 같은 맥락으로 유년기의 억압된 소망들로 구성된 우리의 무의식은 죽음을 알지 못한다고 말할 수 있다.

성욕 역시 마찬가지인데, 인간이 성적인 충동을 갖고 있지만 그럼에도 불구하고 그러한 충동은 반쪽짜리에 불과하다. 인간에게 성적인 충동은 부분 충동, 부분만을 겨냥할 수밖에 없는 충동이다. 충동의 수준에서 성적인 차이는 존재하지 않는다. 우리의 무의식 역시 성적인 차이를 알지 못한다. 죽음과 성이 무의식 속에서 표상되지 않는 것은 이 두 가지가 우리의 언어, 우리의 언어적 현실 속에서 표상되지 않기 때문이다.

앞서 트라우마적인 사건을 언어의 마스크가 벗겨지는 사건이라고 했다. 언어라는 것이 현실의 잔혹함을 가리면서 국소화하는 장막으로서 작동한다면, 트라우마적인 사건은 그러한 장막을 벗겨버리는 사건이다. 죽음과 성이 트라우마의 특권적인 장소가 되는 이유는 언어적인 현실에 의해 표상될 수 없기 때문이다.

무의식 속에 죽음과 성에 대한 표상이 없는 것은 근본적으로 무의식이 언어처럼 구조화되어 있기 때문이다. 무의식이 시니피앙의 연쇄로 구성되는 한, 무의식은 죽음과 성을 온전히 표상해낼 수 없다. 죽음과 성이 언어에 의해 표상되지 않는 것은 죽음과 성이 불가능성의 위치에 자리잡고 있다는 것을 의미한다. 이미지로 상상할 수도 없고 언어로 표현할 수도 없는 차원이다.

죽음이란 아무리 상상하려 해도 상상할 수 없다. 타인의 죽음을 통해 나도 죽을 수 있다는 사실을 예상할 수 있고, 그래서 하이데거가 이야기한 대로 불안해할 수는 있지만, 실제로 내가 죽어보기 전까지는 죽음을 이해할 수 없다. 우리가 언어나 이미지를 통해 죽음을 길들이는 것이 바로 문명이라면, 최종적인 수준에서 죽음은 문명화될 수 없는 것으로 남을 수밖에 없다.

물론 죽음을 표상할 수 있는 방법이 없지 않다. 그림, 소설, 영화 등 다양한 표상을 동원해 죽음을 그려낼 수 있다. 하지만 그렇다고 해서 그것이 죽음 그 자체는 아니다. 죽음은 문명에 대한 최종적인 한계로 남아 있을 수밖에 없는데, 이는 성적인 경험도 마찬가지다. 성적인 경험이 성적인 타자와의 만남을 뜻한다면, 성적인 타자는 근본적으로 표상될 수 없으며, 결국 성적인 경험은 그 타자를 상상적인 수준이나 상징적인 수준으로 끌어내리지 않고는 정신이 제대로 소화할 수 없는 측면을 지닌다.

죽음과 마찬가지로 성적인 경험 역시 다양한 방식으로 표상될 수 있지만, 이는 불가능한 것을 상상적인 방식으로 포장하는 것일 뿐이다. 우리가 비교적 안전하게 경험할 수 있는 성, 쾌락 원칙의 한계 내에서 경험할 수 있는 성이 있다. 하지만 그것은 최종적으로 이질적인 것으로 남아 있는 성 그 자체는 아니다.

죽음이든, 성적인 타자든 그것을 상상적인 방식으로 포장하는 것이 바로 우리가 앞서 언급한 환상의 기능이다. 요컨대 환상이란 단순히 우리를 즐겁게만 하는 이미지로 그치지 않는다. 진정한 의미에서의 환상, 무의식적인 환상은 언어적인 현실로 표상되지 않는 무언가를 포함하고 있다. 그렇기 때문에 때로는 환상이 우리의 욕망을 구성할 수 있지만 우리를 불안하게 할 수도 있다. 성과 죽음은 환상을 통해 그려질 수 있지만 그럼에도 최종적으로는 그러한 환상 속에 통합될 수 없는 방식으로 환상에 연루되어 있다. 최종적인 지점에서 환상은 그 환상의 이미지에 의해서 메워질 수 없는 어떤 구멍을 갖고 있으며, 그 구멍을 통해 환상은 죽음이나 성과 접속을 이룬다.

이러한 환상 속의 구멍에 자리잡고 있는 무엇, 이미지로 상상할 수 없고 시니피앙으로 표상할 수도 없는 성과 죽음의 차원이 라깡이 말한 '현실적인 것(le réel)'이다. 상상적인 것도 아니고 상징적인 것도 아닌 것이야말로 진정으로 현실적인 것이다. 우리가 사는 현실이 상상적이고 상징적인 현실인 한, 현실적인 것은 부정의 방식으로만, 즉 불가능한 것의 형태로만 존재한다. 불가능한 것임에도 불구하고 현실적인 것이라고 부르는 이유는 결국 우리 삶의 현재 모습을 결정짓는 최종적인 원인이 되기 때문이다. 우리가 믿고 있는 현실은 그러한 구멍에 의해 집어삼켜지지 않기 위해 구축된 픽션이며, 그 구멍이 우리를 집어삼키는 경험을 하는 순간, 우리가 믿는 현실이 단번에 와해될 수 있다는 점에서 그 구멍은 어떤 현실보다 더 현실적인 것이라고 할 수 있다.

라깡에게 트라우마란 결국 이 현실적인 것이 우리의 삶을 찢는 효과를 말한다. 언어적인 현실 속으로 완전하게 흡수될 수 없는 무언가가 언어적인 현실로 구성된 우리의 삶을 찢어버리는 것이 바로 트라우마이다.

트라우마를 어떤 특정한 사건으로부터 불가능한 것, 현실적인 것의 수준으로 특정하는 것은 결국 트라우마의 경험은 결코 보편적일 수 없다는 점을 함축한다. 죽음이나 성이 트라우마를 유발하는 보편적인 계기는 될 수 있지만 보편적인 경험은 아니다. 다른 사람의 죽음에 의해 나의 죽음이 환기될 수는 있지만 어쨌거나 나의 죽음은 나의 죽음일 뿐이다. 죽음은 대체될 수 있는 것이 아니다. 원칙적으로 죽음의 화폐, 죽음을 계산할 수 있는 화폐란 존재하지 않는다.

성 역시 마찬가지일 것이다. 내가 직접 경험해보기 전까지 누군가가 뭐라고 말하든 성은 내가 이해할 수 없는 차원의 것이다. 그리고 내가 직접 경험하게 되면 내가 더 이상 내가 아닌 것이 되어버린다는 점에서 성은 나에게 여전히 설명할 수 없는 이질적인 것으로 남는다. 충동의 만족, 즉 쾌락은 나를 '그것'으로 만드는 경험이다. 그런 점에서 성은 보편적인 경험이 아니라 특수한 경험일 수밖에 없다. 이에 따라 트라우마는 오로지 주체 자신에게만 해당하는 특수한 경험으로서 공유될 수 없는 것이다.

공유할 수 없는 것_

트라우마적인 경험이 공유될 수 없다는 말은 트라우마와 관련해서 집단성이 없다는 뜻이 아니다. 집단적인 트라우마는 가능하지만 보편적인 트라우마가 존재한다는 뜻은 아니다. 우연의 일치, 아니면 같은 장소에 있었다는 이유로 각각의 주체에게 트라우마적인 효과를 불러일으킨 사건은 동일할 수 있다. 하지만 그렇다고 해서 그 사건이 보편적인 트라우마가 되는 것은 아니다. 집단적인 트라우마가 발생할 수는 있지만 각자가 사건과 맺는 관계는 여전히 개별적인 것, 특수한 것으로 남는다. 그 자신도 감당하지 못하는 특수한 것이나 이해하지 못하는 뭔가가 있다. 그렇기 때문에 함께 있던 다른 사람들도 상처를 받을 수 있지만 그 상처는 공유할 수 있는 것이 아니다.

즉 트라우마를 입은 사람들과 그렇지 않은 사람들이 서로 소통하지 못할 뿐만 아니라 보다 근본적으로 트라우마를 입은 당사자들끼리도 역시 소통하기가 어렵다. 집단적인 트라우마는 가능하지만, 그 집단은 그저 소통할 수 없는 개인들의 집합에 불과하다. 동병상련의 입장에서 고통을 받은 사람들끼리 고통에 대한 말들을 주고받을 수 있다. 하지만 그렇게 주고받을 수 있는 것은 트라우마 자체가 아니라 트라우마를 극복하고자 하는 정신적인 노력일 뿐이다. 최종적인 수준에서 트라우마는 여전히 혼자만의 트라우마로 남아 있을 수밖에 없다.

가령 아우슈비츠에서 살아남은 사람들이 경험했던 참혹한 장면들은 다른 사람들이 이해할 수 있는 성질의 것이 아니다. 겪어보지 않은 사람들은 당연히 그것이 무엇인지 알 수 없다. 문제는 그 경험을 한 당사자들도 마찬가지라는 사실이다. 그 경험이 발생시키는 문제는 그들에게도 마찬가지로 관련된 장면들이 이질적인 것으로 남아 있다는 것이다. 그것은 그들에게 통합 불가능한 것이기 때문에 받아들일 수도 없고, 그렇다고 그것으로부터 벗어날 수도 없는 기묘한 위치에 놓이게 된다.

트라우마를 입은 사람들은 자기 안에 다른 누구로도 환원될 수 없는 암초를 안고 있다. 트라우마는 그들을 고립시킨다. 다른 사람들로부터 고립시킬 뿐만 아니라 자신으로부터도 고립시킨다. 트라우마의 치명적인 효과는 자기 자신으로부터 고립시킴으로써 삶 속에 보이지 않는 벽들을 만드는 것이다. 더 이상 나아갈 수 없는 한계를 만들어 그의 삶을, 삶의 가능성들을 쪼그라들게 한다.

예컨대 물에 빠져 사경을 헤맨 사람은 물에 대한 두려움, 물에 가까이 가는 것에 대한 두려움을 갖게 될 것이다. 수영을 할 수도 없고 물놀이를 할 수도 없다. 물을 즐길 수 있는 가능성을 박탈당한다. 두려운 것은 피하면 될 것이고 그렇게 하면 삶은 평온해지겠지만, 이제 그의 삶은 자신이 마주하고 싶지 않은 벽 속에 갇혀 거기서 맴돌게 될 것이다. 우리는 처음 이 세상에 태어났을 때 무엇이든 될 수 있었다. 트라우마는 우리의 그 무한한 가능성을 완전히 축소시킨다는 점에서 삶의 가장 큰 손실이 아닐 수 없다.

트라우마의 전수_

여기서 아주 흥미로운 점을 생각해볼 수 있다. 트라우마는 소통이 되지 않지만 전수될 수 있다는 사실이다. 트라우마는 반드시 자신이 경험해야 하는 것은 아닐 수 있다. 자신이 아닌 다른 사람이 경험한 사건에 의해 발생할 수도 있다. 트라우마가 그 누구에 의해서도, 심지어 자신에 의해서도 이해될 수 없는 고유한 차원의 것인데도 불구하고 전수될 수 있는 것은 역설적인 일이 아닐 수 없다. 예컨대 부모가 입은 트라우마가 다음 세대에까지 전수되어 자식들에게도 트라우마가 될 수 있다.

어떻게 그것이 가능할까? 이는 소통이 아니라 침묵을 통해서 가능하다. 이때 전수되는 것은 끔찍한 경험이 아니라 그러한 경험을 이해할 수 없다는 사실이다. 부모 자신도 이해할 수 없는 경험이 하나의 수수께끼로서 자식에게 전수되는 것이다. 트라우마의 전수는 마치 내용을 알 수 없는 편지들이 손에 손을 거쳐서 누군가에게 전달되는 것과 비슷한 방식으로 이루어진다. 이해할 수 없는 불투명한 문자의 전수라는 점에서 이는 서로 이해하면서 공유하는 소통의 방식이 아니다. 수수께끼의 전수, 무지의 전수다. 누군가에게 전달되는 순간, 전달받은 사람은 꼼짝없이 자신에게 그것을 건네준 사람과 비슷한 처지로 전락한다.

트라우마가 자신조차 이해할 수 없는 특수한 경험이라는 사실은 결국 트라우마는 어쨌든 주체성의 문제임을 함축한다. 단순히 희생자의 문제가 아니다. 희생자라는 개념이 사건에 의해 당하는 위치를 뜻한다면, 주체성의 문제란 트라우마가 발생하는 데 주체의 몫이 있다는 말이다. 죽음이나 성이 보편적으로 트라우마가 발생하는 장소이지만, 그것에 연루되는 방식은 각자에게 특수한 것일 수밖에 없기 때문이다.

　죽음과 성이 '현실적인 것' 혹은 '실재'라는 용어로 통칭될
수 있는 것은 그만큼 그것들이 수렴하는 지점이 있기 때문이다.
프로이트에게 죽음과 성이 수렴하는 지점은 바로 쾌락 원칙을 넘
어선 죽음 충동이다. 죽음과 성이 죽음 충동으로 수렴할 수 있다
는 것은 트라우마의 원인이 반드시 현실적인 사건이 아닐 수도
있음을 의미한다.

　사건이 전혀 영향을 미칠 수 없다는 뜻이 아니다. 실제로 일
어난 일이든, 아니면 환상에 불과하든 그것이 주체성의 뭔가를
건드리기만 하면 얼마든지 트라우마를 발생시키는 요인이 될 수
있으며, 그렇기 때문에 증상이 만들어질 수 있다. 이것이 바로 프
로이트가 이야기하는 환상설이다. 결국 언어와 주체의 포지션이
라는 두 축을 통해 트라우마에 접근함으로써 귀착하는 지점은 바
로 환상과 증상 사이다.

"최악의 장면이 꿈에서 재현된다면. 더 이상 악몽이 반복될 이유는 없다."

꿈속에서 유령과 만나거나

유령에게 쫓겨 극도의 불안감에 빠지기도 하지만,

다행히도 꿈속에서 우리는 완전히 잡아먹히진 않는다.

악몽은 최악의 장면이 되기 바로 직전에 멈춘다.

악몽 속에는 늘 하나의 장면, 즉 최악의 장면이 빠져 있다.

우리는 이동 중이다_

배가 침몰하고 우리는 지금 이동 중이다. 사건에서 언어로, 하나의 언어에서 또 다른 언어로 이동하고 있다. 진실을 찾는다는 명목 아래, 우리는 이동하고 있다. 잊지 말자고 외치지만, 그것 역시 마찬가지로 점점 잊어가는 하나의 방법이다. 거대한 언어의 탑을 쌓아 올리면서 우리는 점차 처음의 충격으로부터 벗어나고 있는 중이다.

잊지 말자고 하지만 진정한 트라우마란 어차피 잊을 수 없는 경험이다. 기억할 수 없는 것이기 때문에 오히려 잊을 수도 없다. 이것이 바로 트라우마를 입은 자들의 운명이다. 뭔가 기억을 해야 잊을 수가 있는데, 기억할 수 없기 때문에 오히려 그것이 나를 불시에 기습해버린다. 진짜 트라우마는 내가 기억하거나 말거나의 문제가 아니라 나를 기습하느냐 마느냐의 문제라 할 수 있다. 내가 그것을 잊느냐 마느냐의 문제가 아니라 그것이 나를 놓아주느냐 마느냐의 문제다.

기억이란 내가 기억하는 당사자로 남아 있다는 사실을 함축한다. 하지만 트라우마는 우리가 기억의 주체로 남는 것을 허락하지 않는다. 오히려 우리를 압도해 대상으로 만들어버린다. 내가 트라우마를 기억하는 것이 아니라 트라우마가 나를 기억한다. 트라우마가 나를 기억하고 찾아와 문을 두드린다. 정작 나는 아무것도 기억하지 못하는데, 그것이 나를 기억해서 유령처럼 기습한다. 그 유령은 늘 우리를 쫓아오는 자, 기습하는 자로서 등장한다.

우리가 유령을 만나게 되는 것은 우리가 더 이상 애도할 수 없기 때문이다. 유령과의 만남은 곧 애도가 실패했음을 의미한다. 바로 그렇기 때문에 유령은 늘 되돌아온다. 이 회귀를 프로이트는 '반복강박(compulsion de répétition)'이라고 불렀다. 우리는 마치 발목이 잡힌 듯이 트라우마적인 장면으로 되돌아간다. 이것이 트라우마를 입은 자들이 짊어져야 할 운명이다.

트라우마 이후의 삶

반복 강박_

트라우마적인 장면이 꿈속에서 반복되는 것은 소위 외상후 증후군의 전형적인 증상이라 할 수 있다. 외상을 겪고 났을 때 발생하는 증상들이 여러 가지가 있지만, 외상성 질환에만 나타나는 것은 반복강박, 즉 트라우마를 꿈속에서 다시 경험하는 것이라 할 수 있다. 그 외의 증상들은 다른 질환에서도 충분히 발견된다.《정신질환 진단 및 통계 편람(Diagnostic and Statistical Manual of Mental Disorders, DSM)》4판에 따르면, 외상후 스트레스(PTSD) 장애에 속하는 증상은 대략 세 가지로 압축된다. 바로 억제, 과민성, 반복강박이다.

외상을 입으면 일단 세계에 대한 관심이 줄어들 수밖에 없다. 감정이 둔해지고 아무것도 하고 싶지 않고 아무것에도 관심을 가질 수 없다. 이것을 프로이트는 억제(inhibition)라고 부른 바 있다. 외상후 스트레스 장애가 일어나면 억제가 발생한다. 하지만 억제는 외상후 스트레스 장애에만 국한된 것은 아니다. 세계에 대한 관심이 줄어드는 증상이 가장 두드러지게 나타나는 경우는 바로 애도일 것이다. 자신에게 소중한 대상이 사라지면 우리는 그 대상을 애도한다. 애도를 하는 동안 자아는 억제될 수밖에 없다. 그렇기 때문에 외상후 스트레스 장애는 애도나 우울증과 쉽게 혼동되곤 한다. 가령 세월호 참사가 터지고 나서 사람들의 입에 가장 많이 오르내린 말 중 하나가 바로 '애도'라는 단어라고 할 수 있다.

하지만 트라우마와 애도는 같은 문제가 아니다. 트라우마가 누군가를 상실하는 경험과 일치하는 경우도 있지만 그 경험이 모두 트라우마가 되는 것은 아니기 때문이다. 트라우마 때문에 애도와 같이 억제라는 현상이 발생한다면, 단순히 소중한 대상을 잃어버렸기 때문이 아니다. 자아가 그만큼 트라우마가 만들어내는 긴장들로부터 자신을 방어하기 때문이다. 트라우마가 발생하면 자아는 방어 장치들을 가동시킬 수밖에 없고, 그 결과 자아의 생존 활동이 축소될 수밖에 없다.

프로이트는 트라우마를 자아가 도저히 감당할 수 없는 에너지나 흥분이나 긴장이 만들어질 때 발생하는 충격으로 규정한 바 있다. 트라우마로 자아가 감당할 수 없는 긴장이 생긴다면, 자아는 그것을 막기 위해 더 높은 장벽을 쌓아 올릴 수밖에 없다. 그렇게 되면 당연히 자아의 모든 에너지가 방어체계를 유지하는 데 사용되기 때문에 세계에 대한 관심이 사라질 수밖에 없다. 억제는 트라우마 이후에 발생하는 자연적인 현상 중 하나라 할 수 있다. 트라우마가 만들어졌는데도 불구하고 억제가 발생하지 않는다면 오히려 그게 더욱 큰 문제다.

억제와 함께 외상후 스트레스 장애의 한 가지 증상으로 과민성을 들 수 있다. 과민하다는 것은 털끝이 곤두서서 약간만 건드려도 폭발할 지경을 뜻한다. 쉽게 분노하고 화를 내며 반응하는 것이다. 트라우마를 입게 되면 잠을 설치고 신경질적인 상태가 되는데, 이는 트라우마로 발생되는 과도한 긴장으로 인해 자아가 과도한 방어체계를 작동시키기 때문에 나타난 결과 중 하나다. 방어벽을 높이 쌓으면 약간의 이물질이 끼어들어도 과장된 몸짓으로 반응할 수밖에 없다.

하지만 과민성의 경우도 외상후 스트레스 장애에만 국한된 증상은 아니다. 가령 히스테리 환자도 마찬가지로 쉽게 분노하고 화를 내고 신경질적이다. 타자의 욕망과 얽힌 관계 속에서 히스테리 환자에게 쉽게 과민성이 발생하는 경우는 다양하다. 따라서 억제와 과민성이 트라우마적인 질환을 보증해주는 증상들은 아니다. 외상이 아니라 조금만 스트레스를 받아도 생길 수 있는 자연적인 현상이라 할 수 있다. 외상후 스트레스 장애의 가장 핵심적인 증상은 트라우마가 반복되는 것이다. 불쾌하고 괴로운 경험을 꿈속에서, 전이적인 관계 속에서 반복하는 것, 그것이 바로 트라우마를 입은 자들의 고유한 증상이다.

세월호 참사로 인해 트라우마를 입은 사람들, 곁에서 죽음을 목격한 사람들, 그리고 시신을 찾기 위해 바닷속으로 뛰어든

잠수부들이 고통스럽다고 호소하는 것은 무엇일까? 대상을 잃었다는 슬픔일까? 그들이 고통스럽다고 호소하는 것은 그들 자신이 본 장면으로 되돌아가는 것과 연관이 있다. 자신이 마주쳤던 시선을 꿈속에서 마주치게 되는 것이다. 오히려 애도는 그렇게 자신들이 마주친 끔찍한 장면을 희석하기 위한 나름의 노력이다. 그들은 되돌아가지 않기 위해 애도한다.

대상을 잃은 슬픔을 공유해야 한다는 대의가 없다면, 잠수부들은 차디찬 바닷속에서 죽음의 시선에 맨몸으로 맞서야 하는 상황에 놓이게 될 것이다. 애도의 슬픔이 오히려 반복강박의 수위를 낮추는 역할을 해줄 수 있을 것이다. 이것이 애도의 유익한 용도라 할 수 있다.

반복되는 것은 불길하다_

여기에 함축된 것은 반복강박은 기억의 문제가 아니라는 점이다. 우리가 기억하는 것, 알고 있는 것, 이미 익숙해진 것이 반복되는 것이 아니라는 것이다. 강박증에서의 강박관념이 기억된 것과 알고 있는 것의 반복이라면, 반복강박은 오히려 자신의 경험을 기억 속에 통합시키지 못할 때 발생하는 반복이다. 그래

트라우마 이후의 삶

서 문제는 기억을 하느냐 마느냐가 아니다. 트라우마에서 문제는 나의 기억으로는 감당하기 어려운 것이 나를 대상의 위치로 추락시키면서 뒤쫓는다는 것이다.

명시적으로 고통스러운 사건을 경험하게 되면 우리의 정신은 방어적 입장을 취할 수밖에 없을 것이다. 그렇게 되면 우리는 종종 바로 그 장면을 마주하는 꿈을 꾸곤 한다. 불쾌한 장면이 꿈에 나오는 것도 이상한 일이지만, 그 장면이 반복되는 것 역시 이상한 일이 아닐 수 없다.

물론 불쾌함이라는 표현은 적당하지 않다. 죽음의 문턱까지 갔던 경험, 죽은 자의 시선과 마주한 경험, 끔찍하게 신체가 파괴되는 장면을 목격한 경험 속에는 불쾌함 이상의 무언가가 있다. 불쾌함이란 우리의 감각이 쾌락 원칙의 한계 속에서 작동하는 것을 전제한다. 쾌락 원칙의 한계가 견고하게 유지되는 것은 우리가 대상과 분리되어 주체의 자리를 고수하고 있음을 뜻하기도 한다. 하지만 방금 이야기한 장면들은 우리가 그 장면에 의해 집어삼켜지고 대상으로 추락하는 것을 함축한다.

우리가 대상으로 추락하는 지점에서 우리를 엄습하는 정동은 불쾌라는 말로는 표현하기가 부족하다. 일차적으로는 불안한 경험이지만, 우리가 우리 자신이 목격한 장면에 집어삼켜져 사라지는 경험이다. 그러한 경험 속에서 우리는 역설적이게도 유년 시절에 절대적인 타자의 대상으로서 느꼈던 것들을 반복한다. 불안, 전율, 쾌락 등이 뒤섞여 있는 애매모호한 정동 속에서 말이다. 그것은 너무나 선명한 장면이지만 우리의 감각체계를 압도하기에 수수께끼 같은 장면으로 각인된다. 명료하지만 우리의 지성으로는 용해되지 않는 장면이다. 그런데 바로 그렇기 때문에 그 장면을 다시 경험하는 악몽은 단발로 끝나는 법이 없다. 그 장면은 구심점처럼 우리를 끌어당기고, 우리는 마치 목덜미가 붙잡힌 포로처럼 꼼짝없이 그 장면으로 되돌아간다.

꿈과 관련된 특이한 사실 중 하나는 좋은 꿈은 잘 반복되지 않는다는 것이다. 길몽의 반복은 아주 예외적인 일이다. 그러나 겉으로 볼 때에는 길몽처럼 보여도 대개의 경우 막 꿈이 성취되는 순간에 깨어난다는 점에서 이 역시 실패의 꿈이다. 동일한 악몽이 반복되는 것처럼, 뭔가 이루어질 것 같다가 실패로 끝나게 되는 꿈들이 반복되는 것 역시 불길하다고 할 수 있다.

이처럼 꿈속에서 무언가가 반복되는 경험은 비록 좋은 내용이라 하더라도 불길해질 수밖에 없다. 꿈속에서 행복한 경험이 반복되면 행복이 배가되는 것이 아니라 오히려 우리를 의문에 사로잡히게 하고 불길함 속에 빠트린다. 불길해서 반복되는 것이 아니라 일단 반복되기만 하면 불길해진다고 할 수 있다. 1919년 〈기이한 낯섦〉에서 프로이트는 이러한 불길한 반복을 '억압된 것의 회귀'와 연관시킨 바 있다. 꿈이 억압된 것과 관련되기 때문에, 억압된 것이 반복적으로 되돌아오면 당연히 불길해질 수밖에 없다. 프로이트는 그러한 경험을 '기이한 낯섦'이라고 했다.

빠져버린 장면_

악몽이 반복되는 것은 우리도 모르는 사이에 어딘가에서 어떤 외상적인 경험을 했을 수 있음을 의미한다. 우리의 마음이 우리가 알지 못하는 상처들로 덮여 있듯이, 우리는 우리가 겪는 모든 충격을 의식하면서 살아가지 않는다. 실제로 어떤 사건이 일어나서 충격이 있을 수도 있지만 욕망과 관련된 우리의 심리적 현실 속에서 충격을 받았을 수도 있다. 악몽은 그런 충격적인 경험, 어떤 원초적인 경험으로의 회귀를 함축한다. 악몽이 반드시 병은 아니지만 우리가 감당하지 못하는 어떤 충격이 있었다는 것을 말해준다.

데이비드 크로넨버그의 영화 〈크래시(Crash)〉는 처음부터 끝까지 반복강박을 다룬다. 주인공은 자동차 사고를 경험하고 나서 사고의 장면으로 끊임없이 되돌아간다. 그때의 장면을 마음속으로 되새김질하는 정도가 아니라 그 장면으로 되돌아가기 위해서 실제로 사고를 낸다. 반복강박처럼 다시 사고를 내면서 주인공은 점점 죽음에 가까이 가게 된다. 그러면서 스스로 자동차가 되어버린다. 자동차 사고로 신체 기관들이 파손되면 그렇게 파손된 부분을 기계로 점차 메워버린다. 단순히 인간이 기계가 된다는 SF적 상상력이 아니다. 여기서 핵심은 주인공이 반복강박을 통해 파손된 자동차가 되어간다는 점이다. 자신이 트라우마 속에서 경험했던 그 대상의 위치로 되돌아가는 것이다.

트라우마의 반복이 함축하는 중요한 사실 중 하나는 외상 후 스트레스 장애라는 것이 단순히 스트레스의 문제가 아니라는 점이다. 악몽의 반복, 반복강박은 단순히 스트레스를 많이 받았기 때문에 생기는 현상이 아니다. 트라우마가 스트레스의 문제라면 당연히 그것을 반복할 이유는 없다. 스트레스는 반복의 대상이 아니라 해소의 대상이다. 꿈속에서 직장 상사에게 혼나는 장면이 반복된다면, 스트레스 때문이 아니라 욕망의 수준에서 그 장면과 관련해 억압된 것이 있기 때문일 것이다.

그렇다면 반복강박 속에서 우리는 무엇일까? 악몽이나 전이를 통해 그때의 충격적인 장면으로 되돌아가는 과정에서 우리는 과연 무엇일까? 앞서 언급했듯이 그 순간의 우리는 주체라고 말할 수 없다. 우리는 하나의 대상일 뿐이며, 우리를 압도하고 집어삼키는 장면을 반복한다. 마치 어떤 장면이 우리를 압도해서 우리가 기억할 수 없는 한계를 벗어나 있다가 우리의 의식이 느슨해진 틈을 타서 다시 기습하는 것과 같다. 뭔가에 홀린 듯이, 조종당하는 듯한 상태에 놓인다.

강박증에서의 강박관념 역시 명령처럼 주어진 관념이란 점에서 주체가 마치 조종당하고 있는 것처럼 보인다. 하지만 이 경우 그래도 주체는 주체로 남아 있으며 자신의 관념에 의해 잡아먹히진 않는다. 이는 강박관념이 기억의 연쇄 속에서 작동하기 때문이다. 강박증에서의 강박관념은 강박증자 자신에게 너무나 익숙한 생각이다. 오히려 새로운 생각이 기습하지 못하도록 판에 짜인 생각들이 반복된다. 이때 생각의 반복은 그 자체로 이물질이 끼어들지 못하도록 하는 하나의 방어기제다. 그렇기 때문에 강박관념은 쉽게 자아 자체에 통합될 수 있다. 강박증에서의 반복은 이미 예고된 것이라 할 수 있다. 마치 운명처럼 반복되긴 하지만 나를 놀라게 하거나 기습하지는 않는다.

하지만 반복강박은 기억의 반복이 아니다. 반복강박에서는 기억할 거리가 있어서 반복되는 것이 아니다. 오히려 기억할 수 없는 것, 제대로 씹어서 소화할 수 없는 것이 반복된다. 따라서 반복강박에서의 반복은 반복이지만 마치 전혀 준비가 되지 않은 것처럼 새로울 수밖에 없다. 예컨대 유령이 등장하는 악몽을 꿀 때, 우리가 옛날에 봤던 유령이 나왔다고 해서 전혀 무섭지 않은 것이 아니다. 이미 본 장면이지만 절대로 친해질 수가 없다. 악몽은 매번 새로운 꿈인 것이다. 그런 의미에서 이때의 반복은 나를 기습하는 반복이다.

악몽의 특징 중 하나는 더없이 기분 나쁜 장면이 반복되지만, 그럼에도 불구하고 그것이 최악의 장면은 아니라는 것이다. 유령과의 만남이 이루어지거나 유령에게 쫓겨서 꿈속에서 극도의 불안감에 빠지기도 하지만, 다행히도 그렇다고 해서 꿈속에서 우리는 완전히 잡아먹히진 않는다. 무언가에 의해 쫓기긴 해도 결국 우리는 살아남는다. 악몽은 최악의 장면이 되기 바로 직전에 멈춘다는 특징이 있다. 요컨대 악몽 속에는 늘 하나의 장면, 즉 최악의 장면이 빠져 있는 것이다.

꿈속에는 표상되지 않은 장면이 있다. 뭔가를 막 성취하려는 순간 물거품이 되는 꿈 역시 마찬가지다. 유령에게 잡히는 순간 끝나는 꿈은 아름다운 여인과의 성관계 속에서 절정에 도달하기 바로 직전에 끝나는 꿈과 그리 다르지 않다. 악몽에 마지막 장면이 빠져 있듯이 에로틱한 꿈에도 마지막 장면이 빠져 있다. 몽정으로 끝나는 꿈 역시 예외는 아니다. 에로틱한 꿈으로 쾌락에 도달해 우리의 신체가 현실적인 반응을 보일 수 있지만, 그것은 우리가 최절정에 도달했기 때문에 나타난 결과가 아니다. 오히려 몽정은 늘 성급하게, 마지막 장면을 앞질러 일어난다. 몽정은 최종적인 장면을 차단하면서 꿈꾸는 자로 하여금 성급히 꿈에서 빠져나오도록 한다.

　꿈은 악몽이건 길몽이건 최절정의 순간에 빠져버린 장면을 갖고 있고 그 장면을 중심으로 구축된다. 중요한 것은 빠진 장면을 중심으로 구축된 꿈이 계속해서 반복된다는 점이다. 이러한 사실은 트라우마를 입고 애초의 장면을 다시 반복해도 그것은 온전한 재현이 아니라는 것을 함축한다. 반복되는 것은 최악의 장면이 아닌 최악 바로 직전의 장면이다. 최악의 장면이 재현되었다면 더 이상 꿈이 반복될 이유는 없을 것이다. 그런 의미에서 반복은 일종의 실패의 반복이라 할 수 있다. 악몽 속의 유령이 나를 집어삼키지 못했다는 점에서 실패고, 최종적인 장면에 도달하지 못했다는 점에서 실패다.

6장   잠의 정치학

"트라우마가 문을 두드릴 때. 우리의 현실 자체는 잠이 된다."

트라우마적인 사건이 우리가 믿는 현실보다 더 현실적이라면,

우리는 지금 꿈을 꾸고 있는 것이나 다름없다.

즉 트라우마는 현실을 파열한다는 점에서 잠을 깨우는 불청객이지만,

이후의 삶을 다시 잠으로 만들어버린다는 점에서 수면제이기도 하다.

트라우마 이후, 우리는 깨어 있지만 꿈속에 있다.

우리는 잠이 들었으며 잠 속에서 꿈을 꾸고 있다.

지독한 것_

트라우마를 입은 사람은 스스로를 주체하지 못하고 트라우마적인 장면을 반복한다. 자신을 위태롭게 하는 그 장면으로 되돌아가 불길 속으로 뛰어드는 불나방이 되는 것이다. 이러한 반복의 경험은 인간에게만 고유한 것이다. 사자에게 잡아먹힐 뻔한 기린이 그때의 아슬아슬한 기억을 잊지 못해서 자꾸 사자에게 접근해 머리를 들이미는 일은 상상할 수 없다.

물론 동물에게도 나쁜 기억이나 경험이 있을 것이고, 그것이 동물에게 주는 영향이 없지 않다. 동물도 나쁜 경험을 피하기 위해 노력한다. 사실은 이것이 바로 스트레스다. 스트레스란 압력, 압박을 의미한다. 정신이 어떤 경험에 의해 긴장에 노출이 되고 그 긴장이 해소되지 못할 때 우리는 스트레스를 받는다고 말한다. 이는 우리의 정신으로는 규모를 가늠할 수 없는 어떤 원인으로 인한 효과를 측정 가능한 차원으로 짜맞춰보겠다는 발상이다. 요컨대 스트레스는 동물학적인 개념이라 할 수 있다. 인간의 심리를 알기 위해 쥐를 가지고 실험을 한 결과인 것이다.

진정한 의미의 트라우마에서 문제는 나쁜 기억이나 나쁜 경험이 아니다. 트라우마의 핵심은 단순히 나쁜 경험이 아니라 나쁜 경험임에도 불구하고 그것을 반복한다는 데 있다. 그런 의미에서 그것은 더없이 나쁜 경험, 지독한 경험이다. 나쁜 경험이지만 피할 수 있다면 그나마 덜 나쁜 경험이다. 이 세상에서 가장 나쁜 경험은 나쁜데도 우리가 피할 수 없는 경험이다. 지독한 그것은 스트레스라는 개념만으로는 설명하기가 어렵다.

지독한 그것 속에서 과연 우리는 무엇을 원할까? 우리는 덮어버리려고 했고 멀리까지 도망치려고 했다. 하지만 우리는 그것으로부터 벗어날 수 없다. 경험이라면 당연히 내가 주체로서 경험할 수 있어야 하는데, 트라우마는 경험하는 자를 대상으로 만들어 집어삼키기 때문이다. 이 지독한 것이 앞에서 말한 '현실적인 것'이다. 가장 현실적인 것은 지독한 것일 수밖에 없다. 우리가 믿는 현실을 파괴할 만큼, 우리가 믿는 현실보다 더 현실적인 것이기 때문이다. 현실적인 것은 우리가 믿는 현실에 '그게 정말 현실이라고?'라는 의문을 제기하는 방식으로 구성된다.

현실은 처음부터 주어진 것이 아니고 구성된 것이다. 공통의 관습이나 통념에 의해 지탱되는 현실이 있을 수 있고, 아주 깊은 차원으로 내려가보면 다른 사람은 이해하지 못하는 아주 은밀한 믿음들에 의해 지탱되는 현실이 있을 수도 있다. 벌레를 무서워하는 사람에게는 무엇이 현실일까? 벌레가 사람을 잡아먹지는 않을 것이라는 사실이 현실일까, 아니면 잡아먹진 않아도 벌레가 나를 무섭게 한다는 것이 현실일까?

각자에겐 각자의 현실, 사적인 현실이 있다. 객관적인 현실 역시 부인할 수 없는 것이지만 그것 역시 나름의 믿음에 의해 지탱되지 않으면 소용이 없다. 가령 우리가 백화점에서 유유히 쇼핑을 즐길 수 있는 이유는 건물이 무너지지 않을 거라고 믿기 때문일 것이다. 그러한 믿음이 헛된 믿음에 불과했다는 사실이 밝혀지는 때는 오로지 건물이 무너지고 난 이후일 것이다.

세월호의 승객들이 배를 탈 수 있었던 것 역시 마찬가지였을지 모른다. 왜 그들은 배를 떠나지 않았던 것일까? 믿고 있었던 건 아닐까? 그렇게 많은 사람들이 탄 거대한 배가 뒤집어져서 바닷속으로 가라앉을 거라곤 상상할 수가 없었을 것이다. 어떻게 보면 배를 버린 사람들 역시 마찬가지였을지 모른다. 왜 그들은 아무것도 하지 못했을까? 단순히 두려워서였을까? 어쩌면 그 순간에도 믿고 있었는지 모른다. 그렇게 많은 사람들이 참혹하게 사라질 순 없을 것이라는 사실을 말이다. 그 광경을 바라보는 우리 역시 마찬가지였을지 모른다. 우리가 믿고 있는 현실로 인해 우리의 눈앞에서 벌어지던 그 광경을 우리는 믿지 못했다.

배가 기울어진 것은 하나의 현실이지만, 믿지 못했기 때문에 아직 현실이 아니었다. 인간에게 현실적인 것은 늘 뒤늦게 도달한다. 하지만 현실적인 것이 뒤늦게 도달하는 순간 정신에게는 때 이른 만남이 되어버린다. 뒤늦은 만남이지만 정신이 아직 감당할 수 없다는 점에서 여전히 때 이른 만남일 뿐이다. 트라우마는 뒤늦은 만남과 때 이른 만남 사이에서 '어긋난 만남'처럼 도래한다. 결국 믿을 수 없는 일이 어긋난 만남처럼 일어났으며 우리가 그것을 받아들이는 데에는 시간이 걸렸다. 그 시간은 또한 실낱같은 희망이 사라지는 시간이었다. 현실이 얼마나 부실한지를, 반대로 그렇게 부실한 현실이 얼마나 견고한지를 알 수 있다.

그런데 바로 그렇기 때문에 현실적인 것은 늘 우연적이고 우발적인 것으로만 모습을 드러낸다. '현실'은 뜻밖의 것이 기습하는 순간 자신이 지탱하고 있던 기저의 허구를 드러낼 수밖에 없다. 또 그렇기 때문에 우리는 역으로 더없이 현실적인 것을 최악의 것으로 받아들일 수밖에 없다. 비록 좋은 것일지라도 말이다. 가령 마조히즘적인 환상에 매혹된 신경증자에게 그 환상이 현실이 되면, 그것은 견딜 수 없는 경험이 될 것이다. 더없이 행복한 순간 역시 트라우마가 되는 이유다. 당첨된 거액의 복권과도 같이 우리의 믿음을 위협하는 행복은 최악의 행복이다.

타자의 죽음_

그렇다면 현실적인 것이 도달하기 전까지 우리는 무엇을 믿고 있는 것일까? 우리를 구원해줄 수 있는 타자, 우리를 지켜줄 수 있는 타자, 어떤 강력한 힘을 가진 타자가 아닐까? 배의 침몰이 우리에게 트라우마가 된 것은 단순히 많은 사람들이 희생되었기 때문이 아니다. 우리가 사건 속에서 목도한 것은 바로 타자의 죽음이다. 애초부터 타자란 존재하지 않았다는 것이 바로 우리가 그토록 보고 싶어 하지 않는 진실이다.

트라우마는 바로 그 진실과 맞대면하도록 하는 불쾌한 경험이다. 유년 시절의 궁핍함, 아무도 도와주지 않는 절대적인 비참함(Hilflosigkeit)을 환기시키는 경험. 트라우마적인 경험의 중심에는 바로 결렬이 있다. 타자에 대한 믿음의 결렬, 즉 뭔가를 알고 있는 타자, 우리를 구할 줄 아는 타자, 우리를 지킬 줄 아는 타자, 우리에게 무슨 일이 발생하고 있는지를 알고 있는 타자에 대한 믿음의 결렬이다.

우리가 모른다는 사실은 중요치 않다. 우리가 세상에 대해 알아야 할까? 우리가 양자물리학에 대해 알아야 할까? 우리가 알아야 하는 것이 중요한 게 아니라 우리 대신 아는 누군가가 있다는 믿음이 중요하다. 스티븐 호킹이든 누구든, 아니면 신이라도 알면 그것으로 충분하다. 이미 우리가 알기에는 너무나 많은 정보들이 오히려 우리가 몰라도 된다고 안심시킨다. 어딘가에 지식이 있다는 믿음만으로 이 세계는 충분히 견딜 만한 것이 된다.

하지만 세월호의 침몰 속에서 드러난 사실은 어떤 지식으로도 환원할 수 없는 뭔가가 일어났다는 것이다. 타자에게 일임한 모든 지식이 수포로 돌아가는 경험, 트라우마적인 경험은 그 자체로 하나의 수수께끼다. 지식에 저항하는 수수께끼다. 그래서 우리는 배가 침몰한 후에야 비로소 알고 싶다고 외친다. 지식을 타자에게 맡겨놨던 것인 양 이제 우리가 그것을 알아야겠다고, '뒤늦게' 타자를 타박하면서 진실에 대한 권리를 주장한다.

잠의 정치학_

트라우마적인 사건이 우리가 믿는 현실보다 더욱 현실적이라면, 우리는 지금 꿈을 꾸고 있는 것이나 다름없다. 즉 트라우마

트라우마 이후의 삶

는 현실을 파열한다는 점에서 잠을 깨우는 불청객이지만, 이후의 삶을 다시 잠으로 만들어버린다는 점에서 수면제이기도 하다. 트라우마 이후, 우리는 깨어 있지만 꿈속에 있다. 우리는 잠이 들었으며 잠 속에서 꿈을 꾸고 있다.

이때 필요한 것은 현실의 무상함을 일깨우는 장자의 교훈이 아니라 우리가 사는 이 현실이 우리의 방어기제의 산물일 수 있다는 프로이트의 교훈이다. 우리는 현실에 대해 방어를 한다고 생각하지만, 오히려 현실 자체가 방어의 산물일 수 있다. 그래서 우리는 일상에서 예상치 못한 것을 만나기를 주저한다. 새로운 것은 침입의 형태로 다가온다. 새로운 것이 주어지면 우리는 다시 잠을 청한다.

다시 말해서 트라우마가 문을 두드릴 때 우리의 첫 번째 응답은 잠을 자는 것이다. 현실에서 잠으로 도피할 뿐만 아니라 더 나아가 현실 자체를 잠으로 만든다. 《자크 라깡 세미나 11》에서 라깡은 다음과 같은 자신의 일화를 소개한 바 있다.

"저 역시 아이가 칭얼거리면서 일찍부터 저를 부르는데도 제가 몇 달 동안이나 자리를 뜨는 일을 되풀이했기 때문에 아이가 트라우마를 입은 것을 제 눈으로 직접 확인한 적이 있습니다. 오랜 시간이 지난 후 제가 아이를 품에 안았을 때 아이는 제 어깨에 머리를 기대고 잠이 들었는데, 그 잠이야말로 트라우마가 생긴 날 이후로 아이가 살아 있는 시니피앙이 된 저에게 접근할 수 있는 유일한 수단이었습니다."

아이가 칭얼대면서 아버지를 불렀다. 아버지는 응답하지 않았다. 그리고 그 일은 아이에게 트라우마가 되었다. 여기서 라깡이 트라우마의 원인으로 제시하는 것은 아버지의 단순한 부재가 아니라 아이의 부름에 아버지가 응답하지 않았다는 사실이다. 마치 세월호가 침몰했을 때 아무도 응답하지 않았던 것처럼 아버지는 응답하지 않았다.

무엇보다도 아이한테 트라우마가 만들어지는 순간 아버지는 아이 자신에게 더 이상 접근할 수 없는 타자가 되었다. 잃어버린 타자, 사라져버린 타자가 된 것이다. 이는 아이가 애타게 부르던 시점의 아버지와 아버지의 무응답으로 인해서 트라우마가 발생한 이후의 아버지가 더 이상 동일한 아버지가 될 수 없다는 사실을 함축한다. 어떻게 그들이 동일한 타자가 아닐 수 있을까?

아이가 애타게 부르던 시점의 아버지는 말 그대로 아이가 호명할 수 있는 타자라 할 수 있다. 하지만 트라우마가 만들어지고 난 이후의 아버지는 그저 하나의 '살아 있는 시니피앙'일 뿐, 더 이상 다가갈 수 있는 아버지가 아니다. 그토록 애타게 찾던 아버지가 되돌아와 아이를 안았을 때 아이가 아버지 품에 안겨서 잠을 자게 된 것은 더 이상 그를 현실적으로는 만날 수 없다는 애기다. 아버지는 꿈속에서나 볼 수 있는 대상이 되어버렸다. 트라우마 이후로 꿈속에서나 만날 수 있는 대상은 꿈이 아니고는 만날 수 없는 대상이며, 그렇기 때문에 그 대상이 다가오자 아이는 잠이 들었다.

너무나 보고 싶었지만 믿음을 저버렸기 때문에 트라우마가 되었다. 트라우마 속에서 대상은 떨어져 나가 근접할 수 없는 것이 된다. 잠을 자지 않고는, 다시 말해서 맨 정신으로는 만날 수 없는 대상이다. 단순히 그가 나를 버렸기 때문에 그를 보고 싶지 않은 것이 아니다. 오히려 그가 너무 보고 싶었기 때문에 그는 맨 정신으로는 볼 수 없는 사람이 된다. 그토록 그리워하던 헤어진 첫사랑을 현실에서 다시 만나기를 주저하는 것처럼 아이는 그렇게 잠이 든다.

그런데 만약 꿈에 그리던 대상을 정말로 꿈속에서 만나게 된다면 어떤 일이 발생할까? 만남이 어긋나버린 대상을 다시 만나게 되는 꿈 역시 악몽이다. 나쁜 대상과의 만남도 악몽이지만, 꿈에 그리던 좋은 대상과의 만남 역시 악몽이 될 수 있다. 나쁜 대상인가, 좋은 대상인가 하는 영국의 정신분석가 멜라니 클라인이 제기한 문제는 부차적인 것일 뿐이다. 문제는 단지 그 대상이 위상학적으로 어떤 위치를 차지하느냐이다.

꿈에 그리던 사람을 꿈속에서 다시 만나는 것이 악몽이라면, 악몽의 끝에서 그 만남은 어떻게 될까? 이미 언급했듯이 꿈속엔 늘 하나의 장면이 빠져 있다. 악몽 역시 최종적으로는 그 만남이 어긋나는 지점에서 끝이 난다. 꿈에 그리던 사람을 만나게 되는 순간, 그 꿈은 깨져버린다.

하지만 악몽에서 깨어나는 것은 현실로 돌아오는 것이 아니라 오히려 현실 속에서 잠을 연장하는 것일 수 있다. 애초에 현실 속 만남을 피하기 위해 잠이 들었고 잠 속에서 다시 만나는 것이 악몽이라면, 그 악몽의 한가운데에서 깨는 것은 대상과의 만남을 피하기 위해 잠을 현실로 옮겨버린 것과 같다.

잠에서 깨어나지만 그 순간 잠이 되는 것은 현실 그 자체다. 트라우마로 잠에서 깨어나지만 그 트라우마로 여전히 잠들어 있는 삶이 지속되는 것, 그것이 바로 트라우마에 의해 가로막힌 남아 있는 삶의 한쪽 끝이다.

"원초적인 트라우마를 환기할 때에만 우리의 사건은 트라우마가 된다."

환상 저편에 존재할 거라고 생각되는 현실적인 것과의

만남 역시 하나의 트라우마라고 할 수 있다.

이때 어떤 원초적인 트라우마가 있는 것이

아닌가 하고 생각해볼 수 있다. 그 현실적인 것이 트라우마가

아니라면 굳이 그것을 제어하기 위해 환상이란 것이

필요하지는 않았을 것이기 때문이다.

환상의 파열_

죽음을 직접적으로 경험하는 것이 불가능하기 때문에 죽음이 결국 삶을 불투명하게 한다면, 역설적이게도 동전의 뒷면으로서 우리를 위협하는 모든 불투명한 것은 죽음의 의미를 지닐 수 있다. 죽음을 직접적으로 경험할 수 없는 이상, 우리에게 더없이 위협적인 것은 곧 죽음을 의미하게 된다. 우리는 실제로 죽어보지 않더라도 도처에서 죽음과 맞먹는 치명적인 경험을 할 수 있다.

우리의 믿음이 깨지는 순간, 우리의 환상이 깨지는 순간, 그것은 곧 죽음이 될 수 있다. 믿음과 환상은 단순히 우리가 믿고 아는 것의 문제가 아니기 때문이다. 환상, 타자에 대한 믿음은 또한 우리의 존재를 지탱하는 토대다. 죽음이란 바로 그러한 믿음과 환상이 깨지는 경험이다.

성 역시 마찬가지다. 성적인 경험은 어디에서든 만날 수 있을 만큼 흔하지만, 성이 트라우마적인 경험이 될 수 있는 까닭은 성 경험이 단순한 쾌락의 경험이 아니라 성적인 타자와의 만남이기 때문이다. 성적인 타자와의 만남이란 단지 남자와 여자가 만나는 경험이 아니다. 우리는 이미 일상 속에서 남녀가 어떻게 만나는지를 알고 있으며, 남자가 무엇이고 여자가 무엇인지도 알고 있다. 좀 더 정확히 말하면, 알고 있다고 믿는다. 어떤 해부학적인 도식이나 이미 주어진 관례, 개인적인 신화에 의해서 우리는 남자와 여자에 대해, 성적 차이와 성관계에 대해 알고 있다고 믿는다. 요컨대 성관계에 대한 환상이 있다.

문제는 실제의 성 경험에서 오히려 우리가 알고 있거나 믿고 있는 것들이 작동하지 않을 수 있다는 것이다. 성이란 환상이 만들어지는 특권적인 장소이지만, 환상이 침범당하는 특권적인 장소이기도 하다. 성 경험은 환상에 의해 틀 지어지지 않고는 이루어질 수 없다. 하지만 충동에 의해 추동되는 경험이라는 점에서 뜻하지 않게 환상과 다른 타자의 맨얼굴과 마주할 수밖에 없다. 그리고 바로 그 지점에서 성은 트라우마가 된다.

따라서 모든 성적인 경험이 트라우마가 되는 것이 아니다. 성적인 경험은 우리의 환상 속에서 작동하는 한 트라우마가 되지 않는다. 그것이 트라우마가 되는 지점은 환상이 일그러지는 곳이다. 트라우마가 흥분이나 긴장이 자아가 감당할 수 없는 지점에 이르게 될 때 발생하는 충격이라면, 여기서 문제는 모든 흥분이나 긴장이 아니라 자아가 감당할 수 없는 흥분이나 긴장이다.

그렇다면 자아가 감당할 수 없는 흥분이나 긴장이란 무엇일까? 단순히 흥분의 양이 문제일까? 프로이트는 처음에 흥분의 양이 문제라고 생각했지만, 결국 흥분의 양이란 그 흥분의 양에 작용하는 방어체계와의 관련 속에서 상대적으로 이해할 수밖에 없다. 요컨대 성적인 경험을 거르는 필터로서의 환상이 무엇인지, 그리고 환상과의 관계가 무엇인지가 관건이다.

그래서 어떤 사람에게는 방탕한 성생활이 문제가 되지 않지만, 어떤 사람에게는 약간의 성적인 농담조차도 그의 심리적인 현실을 뒤흔들 수 있다. 이 사실이 전제하는 것은 환상은 쾌락을 쾌락 원칙의 한계 내에서 작동시킨다는 것이다. 환상이 일그러지는 지점은 성 경험이 쾌락 원칙의 한계를 초과해버리는 시점이다. 그리고 환상이 내 존재의 일관성을 보장하는 장치란 점에서, 환상이 일그러지는 지점에서 이루어진 성적인 경험은 죽음의 경험과 그렇게 다르지 않다.

결국 죽음과 성이 트라우마의 특권적인 장소가 된다면, 무엇보다 두 사건이 우리의 환상을 침범할 수 있기 때문이다. 쉽게 말하면, 타자에 대한 우리의 믿음이 깨지는 것과 연관이 있다. 즉 우리가 믿는 타자란 존재하지 않음이 계시되는 사건이다.

환상의 저편_

라깡이 말하는 현실적인 것은 결국 우리가 믿고 있는 타자는 존재하지 않는다는 사실과 연관이 있다. 이것을 라깡은 $Ⱥ$로 표기했다. 트라우마는 $Ⱥ$와의 만남에서 발생한다. 이는 굳이 어떤 사건이 일어나지 않더라도, 혹은 대단한 사건이 일어나지 않더라도 충분히 트라우마적인 효과가 발생할 수 있다는 것을 함축한다.

1913년 프로이트는 〈아이의 두 가지 거짓말〉에서 어떻게 환상의 파열이 트라우마를 발생시키는지 이야기한 바 있다. 한 여성이 일곱 살 때 물감을 사기 위해 아버지한테 돈을 달라고 했는데 아버지가 돈이 없다면서 주지 않았다. 때마침 학교에서 성금 걷기를 해서 아버지한테 성금을 달라고 했더니 아버지가 지폐를 주면서 거스름돈을 남겨 오라고 말했다. 아이는 성금을 내고 나머지 돈에서 얼마를 떼어 물감을 샀다. 돈이 빈 것을 안 아버지가 아이에게 그 이유를 묻자 아이는 모른다고 거짓말을 했다. 얼마 후 동생이 일러바치는 바람에 거짓말이 들통났다. 그 일로 아

트라우마 이후의 삶

이는 어머니한테 야단을 맞았는데, 그 후로 활달하던 아이가 소극적인 성격으로 바뀌면서 신경증적인 증상을 보이기 시작했다는 것이 사건의 전모다. 일곱 살 때 돈을 몰래 쓴 것에 혼이 난 것이 결국 아이에게 하나의 트라우마가 된 것이다.

어떻게 별로 대수로울 것 없는 사건이 아이에게 트라우마가 된 것일까? 프로이트는 그 사건 뒤에 아이에게 유년기의 환상이 자리잡고 있다고 추정했다. 서너 살 때 아이를 돌봐주던 보모가 있었는데, 보모는 의사 애인을 만날 때 종종 아이를 데리고 나갔다. 아이는 그들이 사랑을 하고 나서 남자가 여자에게 돈을 주는 장면을 목격했고, 이후 여자가 남자로부터 사랑받는 증거가 바로 돈을 받는 것이라고 생각했다는 것이다.

그러한 환상에 입각해 아이는 여자로서의 자기 존재를 남자로부터 돈을 받는 것에서 확인하려고 했다. 그런데 아버지에게 돈을 달라는 요구를 거절당했고, 결국 어떤 식으로든 아버지로부터 돈을 받기 위해 몰래 아버지 돈에 손을 댔다는 것이다. 여기서 문제는 얼마나 물감을 사고 싶었느냐가 아니라 아버지로부터 얼마나 돈을 받고 싶었느냐이다. 아버지로부터 돈을 받는 것은 곧 아버지의 사랑을 받는 것을 의미했다. 그만큼 아버지를 사랑했고 아버지로부터 사랑받기를 기대했다는 얘기인데, 그러한 기대에도 불구하고 아이는 거짓말한 것이 발각되어 야단을 맞았다.

결국 단순히 부모에게 야단을 맞은 게 트라우마가 된 것이 아니라 사랑과 관련된 하나의 사적인 공식이 깨져버린 것이 문제였다. 아이에게는 성적인 차이와 사랑의 의미에 대해 하나의 공식, 하나의 환상이 있었다. 보모가 의사 애인과 만나는 장면을 목격하면서 아이가 그것을 이해할 수 있었던 방법은 돈을 주고받는 행위였다. 사랑을 받는 것은 돈을 받는 것이고, 그렇기 때문에 자신이 여자로서 사랑받기 위해선 돈을 받아야 했다. 문제는 하나의 작은 사건 때문에 그러한 환상이 더 이상 주체적인 포지션을 유지하지 못하게 된 것이다.

아이는 자신이 아버지로부터 사랑을 받지 못했다는 것을 알았을 뿐만 아니라 더 나아가서는 성적인 차이를 바라보는 환상에 혼란이 생겼다. 환상이 흔들리면서 결국 아이에게 증상이 만들어졌다. 일차적으로 트라우마는 환상을 뒤흔드는 어떤 사건으로서 자리잡을 수 있다. 트라우마는 환상과의 관련 속에서만 의미가 있다. 트라우마가 현실적으로 발생한 사건이 아니라 타자나 충동과의 관계에 변화가 생기는 것만으로도 형성될 수 있다는 말이다.

이때 한 가지 의문이 제기될 수 있다. 아이가 성적인 차이를 환상을 통해 바라보았다면, 환상 이전의 성적인 차이는 과연 어떤 것일까? 결국 환상을 중심으로 두 개의 세계가 존재한다고 할 수 있다. 환상의 이편과 환상의 저편. 환상의 이편에는 환상을 통해 바라보는 세계가 있을 것이다. 우리가 믿고 있는 현실이다. 가령 거대한 배가 가라앉지 않을 거라는 믿음, 아니면 가라앉더라도 그 많은 사람들을 타자가 그냥 내버려두진 않을 거라는 믿음이 있을 것이다. 프로이트의 사례에서는 사랑을 받는 것은 돈을 받는 것이라는 믿음이 있다. 트라우마는 이 믿음에 대한 리비도적인 투자를 더 이상 유지할 수 없을 때 발생하는 충격이라고 할 수 있다. 어떤 현실적인 것이 침입해서 환상이 더 이상 현실적인 것을 제어할 수 없을 때 트라우마가 발생한다.

그렇다면 환상의 저편이란 무엇일까? 환상이 필요한 이유는 있는 그대로의 현실을 있는 그대로 받아들일 수 없기 때문일 것이다. 죽음이든, 성적인 차이든 애초에 환상은 현실적인 것, 소위 실재에 대한 방어로서 구성된 것일 수밖에 없다. 환상 저편에는 근원적인 실재가 자리잡고 있다. 죽음과 성적인 차이, 이 두 가지가 수렴하는 곳이 바로 죽음 충동이다. 단순히 죽음을 지향하는 충동이 아니라 충동의 만족 자체가 죽음이 되는 충동이다. 쾌락이 곧 환상을 넘어서 있기 때문에 죽음이나 다름없는 충동이다.

그렇다면 환상 저편에 존재할 것이라고 가정된 현실적인 것, 소위 실재와의 만남이란 과연 무엇일까? 그것 역시 하나의 트라우마라고 할 수 있을 것이다. 이는 어떤 원초적인 트라우마가 있는 것이 아닌가 하는 가정을 불러일으킨다. 그러한 현실적인 것이 트라우마가 아니라면, 굳이 그것을 제어하기 위해 환상이란 것도 필요하지는 않았을 것이기 때문이다. 어떤 원초적인 트라우마가 있었을 것이고, 환상은 그것을 제어하고 관리하기 위해 동원된 방어기제다. 그렇다면 이후에 발생한 트라우마는 애초의 원초적인 트라우마를 환기하는 것이라 할 수 있다. 우리가 경험하는 사건들은 원초적인 트라우마를 환기할 때에만 트라우마가 될 수 있다는 말이다.

원초적인 트라우마_

원초적인 트라우마란 무엇일까? 그 자리에 놓일 수 있는 것들은 다양할 것이다. 처음에 프로이트는 충동의 만족을 위치시켰고, 나중에는 거세 콤플렉스를 위치시켰다. 거세 콤플렉스를 위치시킨 이유는 아이는 죽음의 의미를 알지 못하기 때문이다. 그 시기의 아이에게 중요한 것은 바로 남근을 받느냐 못 받느냐, 혹은 남근을 지키느냐 못 지키느냐의 문제이기 때문이다.

프로이트의 제자였던 오토 랑크는 여기에 출생에 대한 트라우마를 위치시켰다. 랑크에 따르면, 출생은 곧 하나의 죽음과 맞먹는 경험이다. 역설적이게도, 태어나는 경험은 그 자체로 죽음의 경험이라는 얘기다. 아이가 자궁에서 나와 세상에 발을 들여놓는 일이지만, 그때까지 생존의 터전이자 자신의 세상이었던 자궁에서 떨어져 나오는 일이기도 하다. 출생은 아이가 자궁에서 쫓겨나는 하나의 사건, 신화적인 사건이다. 결국 출생 트라우마라는 말이 함축하는 것은 어머니와의 분리다. 랑크는 어머니와의 분리에 대해 우리의 최초 요람인 자궁에서의 경험까지 거슬러 올라가 생각했다.

프로이트의 또 다른 제자인 헝가리 정신분석가 산도르 페렌치의 경우도 보자. 그가 원초적인 트라우마의 자리에 위치시킨 것은 바로 어른들의 언어다. 어른들이 지껄이는 언어는 아이들이 잘 알아들을 수 있는 언어가 아니다. 너무나 당연한 사실이지만, 또한 그렇기 때문에 우리가 주목하지 않는 사실 중 하나다. 과연 알아들을 수 없는 어른들의 언어를 아이들은 어떻게 들을까? 마치 먼 이국땅에 떨어진 듯 온통 알아들을 수 없는 언어 속에서 살아가는 것은 낯선 경험이 아닐 수 없을 것이다.

알 듯 말 듯한 언어, 수수께끼와 애매모호함으로 가득 찬 불투명한 언어의 경험이 바로 성적 유혹의 근원이다. 이는 프로이트가 말한 유혹설의 '개정판'이라 할 수 있다. 프로이트가 어른이 육체적으로 가한 유혹에 주목했다면, 페렌치는 아이가 어른들의 언어 속에서 성장하면서 유혹을 당할 수 있다고 보았다. 즉 아이가 어른들의 언어 한가운데에서 자라기 때문에 성적인 의미가 부과된다는 것이다. 단순히 어른들의 이야기가 성적인 차원을 담고 있다는 것이 아니라 어른들의 언어를 통해 전파되는 수수께끼, 애매모호함 자체가 성적인 의미를 띤다는 말이다.

이는 모든 유혹에 해당하는 이야기다. 유혹은 명시적이지 않다. 유혹은 애매모호함의 효과 중 하나다. 이것이 결국 아이에게 트라우마로 이어지고, 거기서부터 유아신경증이 발생한다. 프로이트의 현실적인 유혹설을 페렌치는 언어적인 유혹설로 풀이한 것일 텐데, 물론 전자의 경우에 유혹자가 주로 아버지와 같은 인물이라면, 후자의 경우에는 주로 어머니의 유혹이 쟁점이 된다. 아이에게 주로 말을 건네는 사람은 어머니이기 때문이다.

원초적인 트라우마의 자리에 이처럼 다양한 것들이 위치할 수 있다는 얘기인데, 우리는 라깡을 따라 이 자리에 $A\!\!\!/$를 위치시키면서 모든 공식을 종합할 수 있다. 가령 페렌치가 위치시킨 어른들의 언어란 타자의 욕망이 내비치는 언어가 아니라면 무엇일까? 라깡은 욕망(désir)과 요구(demande)를 구분한 바 있다. 요구가 원하는 것을 언어로 표현한 것이라면, 욕망은 언어의 여백 속에서 기생하는 것이라 할 수 있다. '도대체 그가 이런 말을 하면서 나에게 원하는 게 뭐지?', '왜 저런 이야기를 하는 걸까?'라는 의

문문으로 끝나는 것이 바로 욕망이다. 페렌치가 이야기하는 어른들의 수수께끼 같은 언어는 결국 욕망을 가진 타자, 결핍을 가진 타자를 상정한다는 점에서 결국 Ⱥ로 귀착할 수 있다.

그리고 오토 랑크의 출생 트라우마가 가정하는 것은 무엇일까? 바로 타자와의 분리다. 타자와의 분리란 우리가 떨어져 나와서 홀로 되는 것을 의미한다. Ⱥ는 우리를 지켜줄 수 있는 타자, 우리에게 응답할 수 있는 타자, 우리가 믿을 수 있는 타자는 존재하지 않는다는 사실을 가리킨다는 점에서 출생 트라우마와 다르지 않다.

더 거슬러 올라가면, Ⱥ는 프로이트의 거세 콤플렉스와도 맞닿아 있다. Ⱥ와의 만남은 곧 결핍, 거세와의 만남이라고 할 수 있다. 하지만 프로이트가 트라우마적인 요소로 주체 자신의 거세를 위치시켰다면, 라깡은 트라우마를 발생시킬 수 있는 거세를 타자의 쪽에 위치시켰다. 불안의 원인을 자신의 기관을 상실하는 것이 아니라 우리가 직면한 타자가 우리가 믿고 의지하는 타자가 아닌 그 자체로 결핍을 가진 타자라는 사실과 관련시킨 것이다. 결국 우리가 Ⱥ 속에서 다시 만나게 되는 것은 죽음과 성이라는 두 개의 특권적인 사건이다.

두 가지 트라우마_

트라우마의 내용이 무엇인지에 대해서는 이견의 여지가 있지만, 우리가 지금까지 본 다양한 견해들은 어떤 근원적인 트라우마, 원초적인 트라우마, 구성적인 트라우마를 상정하고 있다는 점에서 공통적이다. 인간 존재에게는 근원적인 상처, 트라우마가 있다는 말이다.

그렇다면 왜 우리에게 가설적인 트라우마라는 개념이 필요한 것일까? 일차적으로는 논리적으로 환상이 어떤 기능을 하는지, 환상의 저편이 무엇인지 분명히 하기 위해서다. 환상이 현실적인 것에 대한 방어로 작동한다면, 당연히 환상이 방어하기 전에 작동하는 현실적인 것이 있다는 얘기고, 그것이 정신에 충격을 주었다는 것 또한 가정해야 한다.

그런데 이런 식의 가설은 트라우마가 없는 인간은 없다는 사실을 함축한다. 지금까지 살아오면서 현실적으로 트라우마적인 사건을 겪지 않았다거나 온실 속의 화초처럼 자랐다고 해서 트라우마가 없다고는 할 수 없다. 별다른 외상적인 사건을 겪지 않아도 악몽을 꾸고 그 악몽이 반복된다는 사실은 우리가 알지 못하는 사이에 트라우마를 입었다는 것을 말해준다. 모든 인간은 어느 정도 트라우마를 입었지만 나름대로 방어체계를 갖고 있기 때문에 잘 살아간다.

그런데 만약에 애초에 방어체계가 작동하지 않는다면 어떻게 될까? 이러한 구분은 환상이라는 방어체계가 작동하는 동안 발생하는 트라우마와 그렇지 않은 트라우마를 구별하는 데에도 유용할 수 있다. 그러니까 하나는 표상의 연쇄를 통해 길들여지지 않은 트라우마를 가리키고, 또 다른 하나는 표상의 연쇄를 통해 길들여진 트라우마를 가리킨다.

물론 이것을 발달론적인 도식으로 이해할 필요는 없다. 진정한 의미에서의 반복강박이 발생한다고 해서 반드시 그것이 환상이 구성되기 이전의 트라우마라고 말할 수는 없다. 하지만 분명히 어떤 경우에는 방어기제가 작동함으로써 표상의 연쇄가 트라우마를 덮어버릴 수 있기 때문에 그것이 상징적인 연쇄 속으로 흡수될 수 있지만, 어떤 경우에는 방어기제가 작동할 수 없기 때문에 트라우마가 반복강박의 형태로 반복될 수 있다.

간단히 말하면, 트라우마가 별다른 해 없이 끝나거나 전이신경증(névrose de transfert)적인 증상으로 귀결되는 경우도 있지만, 그렇지 않고 트라우마적인 신경증의 형태로 귀결되는 경우도 있다. 실제로 외상후 스트레스 장애의 증상들은 상당 부분 신경증적인 증상과 일치하는 면모를 보인다.

외상후 스트레스 장애를 입으면, 강박신경증처럼 강박관념이나 강박적인 의례를 갖게 되는 경우가 있다. 어떤 생각을 계속해서 반복적으로 떠올리거나 반복적인 행위를 하는데, 이는 진정한 의미에서의 반복강박은 아니다. 오히려 방어기제가 우세한 가운데 트라우마가 신경증적인 증상으로 귀착한 경우다.

히스테리적인 전환 역시 마찬가지다. 트라우마를 입으면 그것이 신체적인 증상으로 나타나게 된다. 트라우마로 인해 강한 긴장이 정신에 유입되면 그 긴장을 감당하지 못해서 신체적인 증상이 나타날 수 있다. 신경증적인 증상으로 나타나는 경우가 있고, 그렇지 않은 경우가 있다.

신경증적인 증상으로 나타나는 것은 정신이 감당할 수 없는 강한 긴장이 신체적인 증상으로 전환되는 과정에서 그 증상이 표상의 연쇄 속에 포함되는 경우를 말한다. 쉽게 말하면, 신체적인 증상이지만 그 증상을 만들어내는 부위가 그 자체로 표상적인 차원에서 작동할 수 있다. 신체적인 증상이 환자의 트라우마적인 경험에 대해 하나의 기억처럼 작동하는 것이다.

이 경우 증상은 해석이 가능하다. 애초의 트라우마와 증상 사이에 해석의 고리를 끼우면, 그 증상이 사라지거나 다른 증상으로 이동하게 된다. 이는 트라우마가 기억의 연쇄 속에 포섭되어 있을 때에만 가능한 일이다. 온전한 의미에서의 전환이다. 트라우마가 히스테리적인 신경증으로 귀착하게 되는 경우라 할 수 있다. 바로 이런 경우가 있기 때문에 실제로 프로이트는 전환신경증(névrose de conversion)의 배후에서 트라우마적인 경험을 추정해낼 수 있었다.

이와 반대로, 트라우마의 효과가 전이신경증적인 증상이 아니라 반복강박처럼 표상의 연쇄를 매개하지 않고 곧바로 신체적인 증상으로 돌출해버리는 경우가 있다. 이것이 바로 정신신체현상(phénomène psychosomatique)이다. 정신적인 긴장이 신체적인 증상으로 표출되는 경우이지만, 전환성 증상과 달리 증상이 해석되지 않는다.

전환성 증상은 해소되지 못한 정동이 표상의 연쇄에 통합되어 작동하는 신체 기관을 통해 해소되는 경우를 말한다. 정동이 문제이긴 하지만 여전히 표상의 연쇄를 매개체로 작동한다. 그런 의미에서 전환성 증상은 나름 일종의 기념비라고 말할 수 있으며 그 안에서 해석이 가능하다. 반면 정신신체현상은 해소되지 못한 정동과의 관계 속에 표상이 매개물로 끼어들지 못하는 경우에서 발생한 신체적인 증상이다. 그래서 해석이 되지 않는다. 진정한 의미에서의 트라우마가 신체에 발생시키는 효과들이 바로 이 지점에서 만들어진다고 할 수 있다. 원인이 되는 트라우마와의 관계 속에 어떠한 기억의 고리도 끼어 있지 않은 경우다.

"현실이 잠이 되지 못한다면, 불면에 빠진 그들은 행위로 옮길 수밖에 없다."

죽음을 어떻게 감히 성공이라고 할 수 있을까.

하지만 트라우마를 입은 사람들에게 삶은 절박하다.

트라우마에 의해 삶이 잠이 되거나,

아니면 불면에 빠져 죽음만이 성공이 되는 삶,

그것이 바로 트라우마 이후의 삶, '비참함'이라는 이름의 삶이다.

믿음의 건축학_

우리가 지금 현실이라고 믿는 것이 이미 방어기제 속에 포함된 것이라는 말은 우리가 현실이라고 믿는 것의 기저에 환상이 있다는 의미다. 환상이라는 말에 너무 현혹될 필요는 없다. 왜냐하면 가장 현실적인 것이란 어차피 우리가 견딜 수 없는 것이기 때문이다. 착각 속에서 살지 않으면 우리는 맨땅에 헤딩을 할 수밖에 없고 견딜 수 없는 세계를 살아야 한다.

교통사고를 당한 사람이 사고를 당하기 1분 전에 자신에게 그런 일이 발생할지를 전혀 예상할 수 없듯이, 사실 우리는 언제 무슨 일이 발생할지를 예상할 수 없다. 하지만 불확실성으로 가득 찬 세계를 살고 있으면서도 우리는 전혀 불안해하지 않는다.

우리가 믿음을 갖고 있기 때문이다. 타자에 대한 믿음 말이다. 우리가 어떤 노후한 건물 안에 들어가서 불안해하지 않는 이유는 타자가 이 건물을 잘 지었을 것이라고 믿을 뿐만 아니라, 보다 근본적으로는 그렇게 믿고 있는 다른 사람들의 믿음을 또한 믿기 때문이다. 즉 함께 있는 타자가 믿고 있는 것을 우리는 믿고 있다. 옆 사람이 자리를 뜨지 않는 한 우리는 그의 믿음을 믿기 때문에 이곳이 안전하다고 믿는다.

착각에 불과하지만 만약에 그런 착각이 없다면 우리는 어떻게 될까? 한시라도 불안해서 그곳에 앉아 있을 수가 없을 것이다. 모든 현상이 수수께끼처럼 보일 것이다. 왜 건물에서 소리가 날까? 왜 갑자기 오늘은 참새가 낮게 나는 걸까? 왜 전철이 예정 시간보다 3분이나 늦게 도착했을까? 이런 일들에 신경이 쓰이지 않는다면, 그것은 아마도 우리에게 의문을 허용하지 않을 만큼 견고한 의미체계가 있기 때문일 것이다. 우리의 내면이 그런 식의 무의미한 사건들이 끼어들기엔 너무나 촘촘하게 의미의 네트워크를 형성하고 있기 때문이다.

하지만 어떤 사람들에게는 모든 것이 하나의 단서가 될 수 있다. 주변에서 들리는 미세한 소리나 사람들의 미세한 표정도 말이다. 의미의 네트워크가 느슨하기 때문에 오히려 미세한 변화들조차도 특수한 의미를 지닌 것처럼 보인다. 또 변화들의 의미를 도무지 가늠할 수가 없다. 세계는 불투명해지고, 그래서 불안할 수밖에 없다.

세계가 자신을 공격한다고 생각할 수밖에 없고, 박해 불안에 시달릴 수밖에 없고, 자신이 있는 건물이 무너질까 봐 두려울 수밖에 없다. 이 세계가 착각에 의해 길들여지지 않는 한 견딜 수 없는 세계가 되는 것이다. 결국 이들에게 남은 것은 바로 광기다. 견딜 수 없는 세계를 견디기 위해서는 미치는 것밖에 달리 도리가 없다. 그 광기를 우리는 망상(délire)이라고 부른다. 수수께끼 같은 현상들에 의미를 부여하기 위해서는 망상이 필요할 수밖에 없다. 요컨대 착각이 없다면 우리는 진실이 아니라 광기와 만나게 된다. 착각의 반대는 진실이 아니라 광기다.

우리의 현실이 착각 위에 딛고 서 있다면, 트라우마적인 순간은 우리가 믿었던 것들이 얼마나 허약한 것인지를 깨닫게 되는 순간이다. 우리가 무의식적으로 믿었던 것들, 타자에 대한 믿음, 우리가 혼자가 아닐 거라는 믿음, 가족에 대한 믿음, 생명에 대한 믿음, 심지어는 육체에 대한 믿음……. 트라우마는 이 모든 믿음이 단번에 날아가는 순간이며, 믿음 속에 전제된 관계들을 원점으로 되돌려 보내는 순간이다. 가령 부모와 자식 간에 아무 관계가 없다는 것, 그 무기력한 순간에 부모로서, 혹은 가족으로서 아무것도 해줄 수 없다는 것, 우리가 혼자일 수밖에 없다는 것, 우리의 육체가 힘없이 사라질 수 있다는 것이 드러나는 순간이다. 그렇기 때문에 그만큼 정신에 충격일 수밖에 없다.

이와 비슷하게 육체가 파손되는 장면이 트라우마가 될 수 있는 이유는 단순히 끔찍한 장면이기 때문만이 아니다. 그만큼 우리가 우리 육체의 이미지를 믿고 있고 그 이미지에 많은 리비도를 투자하고 있기 때문이다. 우리의 육체가 하나의 매끈한 이미지로 봉합되어 있다고 믿고 있는 것이다. 우리는 우리의 육체를 신봉하고 있는 셈이다. 요컨대 육체는 나르시시즘적일 수밖에 없다. 하나로 통합되어 있고 완전할 거라는 믿음으로 신봉한다. 트라우마는 어떤 계기로 인해 우리가 무의식적으로 견지하는 그러한 믿음들이 흔들릴 때 나타나는 충격이다.

트라우마에서 증상으로_

트라우마가 어떻게 발생하는지에 대해 이야기했는데, 보다 중요한 것은 트라우마가 각자에게 동일한 반응을 불러일으키진 않는다는 사실이다. 각자가 자신의 환상이나 믿음에 다른 포지션을 취하는 한 당연히 트라우마에 대한 반응은 다를 수밖에 없다. 어떤 사람은 트라우마가 있더라도 별다른 반응이 없을 수 있다. 반면 어떤 사람은 트라우마에 대해 전이신경증적인 증상으로 반응하고, 어떤 사람은 정신신체현상으로 반응한다. 어떤 사람은 반복강박의 형태로 반응하고, 어떤 사람은 망상의 형태로 반응하는 한편, 또 어떤 사람은 행위화의 형태로 반응한다. 트라우마가 어떤 결과를 만들지는 주체가 어떤 심리적 구조를 갖고 있느냐에 달려 있다. 언어나 타자의 욕망에 대해 어떤 포지션을 취하고 있느냐에 달려 있다는 말이다.

트라우마적인 사건이 어떤 경우에는 상징적인 연쇄 속에 포섭되어 있어서 전이적인 신경증으로 나타나는 경우가 있지만, 어떤 경우에는 상징적인 연쇄 속으로 포섭되지 않기 때문에 전이신경증 이상의 증상들을 만들어낸다고 앞서 이야기한 바 있다. 정신신체현상이나 진정한 의미에서의 반복강박 같은 것이 바로 대표적인 예다.

트라우마가 발생하는 것은 라깡적인 용어로 '현실적인 것'에 의해 우리의 현실이, 우리의 심리적 현실이 찢겨 나가는 것을 함축한다. 현실이 찢겨 나갔을 때, 우리는 무엇을 할 수 있을까? 다시 상징적인 것이나 상상적인 것으로, 표상으로 그 찢긴 부분을 꿰맬 수가 있을 것이다. 전이신경증적인 증상이 바로 그런 실밥에 해당한다. 강박증자는 강박증적인 증상으로 반응할 것이고, 히스테리 환자는 히스테리 증상으로 반응할 것이다.

하지만 만약에 현실이 표상에 의해 봉합되지 않는다면 정신신체현상이나 반복강박이 나타난다. 이 둘의 공통점은 트라우마의 영향력이 표상의 연쇄 속에 물려 있지 않다는 것이다. 찢어진 현실이 표상으로 덧댈 수 없기 때문에 상처를 다른 방식으로 국소화하는 것이라 할 수 있다. 트라우마가 만들어낸 과잉의 긴장이 정신신체현상이라든가 반복강박의 형태로 어떤 식으로든 길을 만드는 것이다. 그것은 긴장을 방출할 수 있는 터널이다. 긴장을 표상들 사이로 분산시킬 수 없다면 육체적인 차원으로라도 방출시킬 수밖에 없다.

정신신체현상이 나타나는 것은 그나마 일종의 안전핀이 아직은 작동하고 있다는 뜻이다. 긴장이 육체의 한 부분으로 국소화되는 것이다. 반복강박이 악몽과 같은 꿈의 형태로 나타나는 것 역시 마찬가지다. 어쨌거나 트라우마적인 효과가 어떤 특정한 지점으로 국소화되면서 반복되는 것이라 할 수 있다. 반복강박은 트라우마적인 사건이 불러일으킨 긴장을 최소화하려는 정신의 노력과 그것을 따돌리려는 현실적인 것 사이에서 발생하는 균열이다.

균열이라는 것은 반복강박이 타협형성이 아니란 뜻이고, 그렇기 때문에 신경증적인 증상이 아니라는 것이다. 타협형성이란 말 그대로 두 가지 대립하는 힘 사이의 타협이다. 자아의 방어를 충족시키는 동시에 일정한 성적 충동의 요구 또한 충족시키는 것이다. 억압된 것은 어느 정도 양보하는 한에서만 회귀할 수 있다. 있는 그대로는 검열의 관문을 통과할 수 없다. 적정한 조작과 수정을 가해서 검열 기구를 충족시켜야 비로소 통과될 수 있다. 꿈, 말실수, 증상 등 소위 무의식의 형성물이 바로 이런 식의 타협 형성의 구조를 지닌다.

따라서 타협형성은 그 자체로는 알아볼 수 없는 모습으로 변장해서 되돌아온다. 가령 《히스테리 연구》에 등장하는 엘리자베스는 허벅지에서 통증을 느꼈는데, 그것은 예전에 그녀가 아버지를 병간호할 때 아버지의 상처 난 다리에 붕대를 감기 위해 아버지의 발을 자신의 허벅지에 올려놓은 일과 무관하지 않다. 아버지의 신체와 닿았던 허벅지는 아버지에 대한 억압된 근친상간적인 사랑을 환기시킨다고 할 수 있다. 허벅지의 통증은 곧 억압된 사랑의 회귀라고 할 수 있다. 아버지에 대한 사랑을 억압하는 대신, 그녀는 통증을 통해 그 사랑을 연장한다.

하지만 겉으로 볼 때 증상과 원인 사이에는 전혀 연관성이 없어 보인다. 엘리자베스는 영문도 알지 못한 채 증상을 갖고 있을 뿐이다. 증상의 의미가 밝혀지기 위해서는 해석이 필요하다. 해석의 고리가 원인과 결과라고 추정되는 것들 사이에 끼워졌을 때 비로소 증상은 의미가 해명되면서 사라질 것이다.

무의식의 형성물이 타협의 구조를 지니고 있다면, 그리고 타협을 위해 변장이 필요하다면, 그 변장이 가능하기 위해 필요한 것은 표상이다. 증상이 타협형성으로서 기능할 수 있는 이유는, 다시 말해서 억압된 것의 회귀로 되돌아올 수 있는 이유는 표상의 연쇄로 구성되어 있기 때문이다.

소위 충동의 요구를 포함하면서도 표상의 연쇄에 맞물려 있기 때문에 증상은 검열을 따돌리고 다른 표상을 뒤집어쓰고 되돌아올 수 있다. 증상은 얼마든지 다른 표상들과 연결될 수 있다. 증상에는 늘 여분의 표상들이 있다. 즉 현실적인 것에 비해 표상이 남아돈다. 여분의 표상, 즉 가면을 쓸 수 있다는 점에서 증상은 거짓말을 한다고 할 수 있다. 있는 그대로를 믿으면 안 되고 일정한 해석이 필요하다는 말이다.

반복에서 행위로_

반면에 반복강박은 이런 식의 타협형성이 아니다. 반복강박은 근본적으로 표상이 결여하기 때문에 표상이 현실적인 것을 감당할 수 없는 경우다. 그래서 현실적인 것이 돌출될 수밖에 없는 지점이다. 이는 양측의 요구를 모두 충족시키는 것이 아니다.

반복강박은 말 그대로 실패를 함축할 수밖에 없다.

일단 표상의 실패를 함축한다. 표상의 실패란 여분으로서의 표상과 연동되지 못하기 때문에 트라우마적인 장면을 다른 장면으로 전환할 수 없고, 그렇기 때문에 근본적으로는 표상이 트라우마적인 장면을 포섭할 수 없다는 것을 뜻한다. 트라우마적인 장면이 다른 장면으로 전환될 수 없다는 것은 가면을 쓰고 나타날 수 없다는 것을 의미한다. 여분의 표상들과 연동되어 있지 않기 때문에 가면을 쓸 수가 없다. 반복적으로 트라우마적인 장면으로 되돌아가는 악몽은 꿈이 더 이상 거짓말을 할 수 없는 지점이다. 반복강박은 표상의 연쇄가 더 이상 거짓말을 할 수 없는 지점이다.

이 때문에 꿈을 꾼 사람에게 악몽은 다른 꿈들과 달리 비교적 명석한 꿈이다. 대개의 꿈은 기억이 잘 나지 않는 특징이 있다. 무의식의 형성물로서 꿈은 이미 가면을 쓰고 있기 때문에 애매모호할 수밖에 없다. 다의적인 상징들, 수수께끼 같은 문자처럼 구조화되어 있기 때문이다. 그래서 의식은 그 장면을 일일이 기억해낼 수 없으며 꿈을 기억하는 과정에 다른 표상들이 끼어들 수밖에 없다. 하지만 특이하게도 트라우마적인 장면을 담고 있는 악몽은 그렇지가 않다. 단순히 충격적인 장면이어서가 아니다. 표상의 연쇄가 트라우마적인 장면을 따라잡을 수 없는 상황에서 돌출한 장면이기 때문에 환각처럼 생생할 수밖에 없다.

물론 그렇다고 해서 표상과 트라우마적인 장면의 레이스에서 트라우마적 장면이 최후의 승자가 되는 것은 아니다. 트라우마적인 장면이 돌출되기는 하지만, 그럼에도 불구하고 최후의 지점에서는 어긋남이 있다. 마지막 한 장면이 빠져 있다는 점에서 실패가 있는 것이다. 그래서 악몽 속에서 우리는 잠을 깨는 것이고, 그러면서 악몽은 반복된다.

증상이 타협과 절충을 함축한다면, 이는 증상이란 나름의 균형을 찾는 방식임을 뜻한다. 정신의학이 증상을 오로지 병적인 것으로만 취급한다면, 정신분석학은 증상이 무엇보다 균형추의 역할을 할 수 있다는 점을 강조한다. 양측의 요구를 충족시키는 것이다. '이것도 되고, 저것도 되고'의 측면이 없지 않다.

반복강박은 그렇지가 않다. 그것은 '이것도 안 되고, 저것도 안 되고' 실패가 번갈아 반복되는 경우다. 완전히 억누를 수도 없고, 그렇다고 해서 완전히 그대로 반복되는 것도 아니다. 미묘하게 엇갈리기 때문에 반복된다. 이러한 반복강박의 구조는 앞서 언급한 정신신체현상과 유사하다. 정신신체현상 역시 표상의 실패에서 비롯된 것이기 때문이다. 반복강박과 정신신체현상의 경우 트라우마적인 장면이 만들어낸 긴장이 나름의 통로를 만들고 있다. 그래서 특히 트라우마적인 신경증이 위험할 수 있는 것은 반복강박이나 정신신체현상 때문이 아니라 오히려 그러한 통로가 제대로 작동하지 않을 때다.

긴장이 방출될 통로가 주어지지 않을 때에는 어떤 일이 발생할까? 트라우마가 표상이 실패하는 것과 관련이 있다면, 통로가 주어지지 않을 때 나타나는 것은 행위(acte)다. 반복강박이 꿈속에서 나타난다면, 혹은 트라우마에 의한 긴장이 정신신체현상으로 나타난다면 그나마 덜 위험하다. 문제는 트라우마라는 것이 환상과의 결렬을 함축한다는 점에서 쉽게 행위로 몰고 갈 수 있다는 사실이다.

우리가 실재, 현실적인 것과의 만남을 피할 수 있는 가장 간단한 방법은 바로 말을 하는 것이다. 말을 하는 동안 주체는 그 경험으로부터 운신할 수 있는 작은 틈새를 만들어낼 수 있다. 하지만 트라우마적인 경험이 지닌 본성상, 트라우마가 상징적인 믹서에 의해 분쇄될 수 있는 트라우마가 아니라면 말하기가 작동하지 않을 수도 있다.

트라우마적인 장면에 대해 더 이상 주체가 말할 수 없을 때, 주체의 말하기는 생략되고 행위가 나타날 수밖에 없다. 말하기에서 튕겨져 나와서 행위로 도약할 수밖에 없다. 이것을 우리는 행위화(passage-à-l'acte)라고 부른다. 행위화는 행위로 이행하는 것, 행위로 도약하는 것이며, 행위가 언어를 가로질러 그 언어를 종료시키는 것을 함축한다. 그렇기 때문에 몸짓이나 행동과는 구별되어야 한다. 행위화는 상징적인 무대를 가로질러 현실적인 것 속으로 뛰어드는 것이다. 충동을 만족시키기 위해, 혹은 긴장을 해소하기 위해 모든 상징적인 관계를 단번에 가로질러 맨땅에 헤딩을 하는 것, 그것이 바로 행위화다.

이러한 행위화 속에서 당연히 주체는 사라지게 된다. 주체가 행위를 하겠다고 결정해서 행위가 나타난 것이 아니다. 행위를 하는 순간에는 주체가 더 이상 주체가 아니다. 내가 내가 아니라 '그것'이 되는 순간이다. 마치 내가 충동의 요구에 굴복했을 때처럼 말이다.

반대로, 너무나 괴로워도 타자에게 괴로움을 호소할 수 있다면, 그래서 전이를 통해 괴로움의 원인을 타자에게 귀속시킬 수 있다면, 그나마 내가 나를 주체로 유지하는 경우다. 전이적인 관계 속에서 괴로움의 원인을 타자에게 돌리며 타자를 원망할 수도 있다. 하지만 여전히 타자와의 관계가 유지되는 경우다.

이는 반복이긴 하지만 갈등이 언어적인 공간 속에서 재현된 것일 뿐이다. 내가 설령 타자를 죽이고 싶은 마음이 들더라도 대개의 경우 나는 그러지 않을 것이다. 환상은 타자에 대한 증오를 표현하는 수단일 수 있지만, 그 증오가 현실화되지 않도록 하는 방어벽이기도 하다. 그렇지 않고 더 이상 말을 할 수 없기 때문에 타자에게 물리적인 상해를 입혔다면, 이는 단순히 타자를 죽이고 싶은 마음 때문이 아니다. 이런 경우에는 타자에 대한 증오, 타자를 향한 공격성을 방어해줄 심리적 공간이 무너져버린 것이다. 더 이상 공격성이 표상의 장에서 펼쳐질 수 없게 되자 심리적 방어선이 무너지면서 행위로 이행한 것이라 할 수 있다.

이처럼 행위화를 이야기하는 이유는 트라우마를 입은 사람들이 바로 행위화의 위험에 쉽게 노출되기 때문이다. 반복강박 속에서 유지되는 최소한의 심리적 방어선이 무너지면 트라우마적인 장면을 행위로 반복하게 된다.

죽음이 성공이 되는 삶_

반복강박 속에는 늘 하나의 장면이 빠져 있다고 했다. 트라우마의 무게를 감당할 수 없을 때 주체는 어떻게 될까? 행위로의 도약을 통해 반복강박에 빠져 있는 바로 그 장면을 실행에 옮기게 된다. 가령 상어에게 막 잡아먹히게 될 것 같은 순간에 끝이 나는 장면이 반복된다. 그 장면을 회피할 수 있는 가장 좋은 방법은 무엇일까? 그냥 상어에게 잡아먹히는 것이다. 이 얼마나 간단한 방법인가. 상어에게 잡아먹히면 더 이상 잡아먹힐 걱정은 없다.

트라우마 속에서 반복되는 장면은 환자가 압도되는 장면이다. 환자가 그 장면에 의해 집어삼켜지는 장면이다. 이때 환자는 바로 대상이라고 할 수 있다. 행위화를 통해 구현되는 장면에서 주체는 대상이 된다. 이 경우 행위는 결국 주체 자신을 겨냥한다. 행위가 자기 공격, 자기 절단의 방식으로 나타나는 것이다. 마치 죽음 충동에 이끌린 것처럼 자신을 공격하는 행위가 나타난다.

다시 말해서 트라우마를 입은 사람들은 자살의 위험에 쉽게 노출될 수밖에 없다. 그들의 자살률이 굉장히 높다는 사실은 잘 알려져 있다. 전쟁신경증 환자들 역시 마찬가지다. 전쟁 포로가 되었다가 살아 돌아온 사람들, 그리고 아우슈비츠에서 살아남은 사람들, 그들에게 남은 삶은 어떤 것일까?

아우슈비츠의 생존자 프리모 레비(Primo Levi)가 자살한 이유는 단순히 자신이 본 것을 다른 사람들이 믿어주지 않기 때문일까? 오히려 상황은 정반대다. 그때 그 일이 얼마나 고통스러운 일인지를 우리는 그의 작품들을 통해 충분히 이해할 수 있다. 우리는 이해한다고 말하고, 또 실제로 이해하고 싶어 한다. 하지만 우리가 그의 작품들을 통해 이해한다고 믿을수록, 그는 오히려 이해될 수 없는 것이라고 말하고 싶어 하는 듯 보인다. 무엇보다 스스로가 자신이 목격한 바로 그 장면을 도저히 믿을 수 없기 때문일 것이다. 현실적인 것이 아직 도착하지 못했기 때문에 그

트라우마 이후의 삶

것을 현실로 받아들일 수 없는 것은 그 자신이다.

그렇기 때문에 그는 진실에 더 가까이 다가가기 위해 필사적으로 노력한다. 마치 반복강박에 사로잡힌 것처럼 자신을 집어삼켰던 장면을 작품을 통해 되풀이한다. 하지만 결국 믿을 수 없는 것이기 때문에 아무리 참상에 다가가려고 해도 최종적인 장면은 늘 빠져 있을 수밖에 없다. 결국 그에게 남은 것은 행위화를 통해 믿을 수 없는 그 장면 속으로 뛰어드는 것뿐이다. 현실 속에 빠져 있는 장면, 자신이 실패한 장면, 자신이 대상이 되어 집어삼켜졌지만, 그럼에도 불구하고 끝내 살아서 돌아왔다는 점에서 실패일 수밖에 없었던 그 장면을 행위로 옮김으로써 그는 마침표를 찍는다.

트라우마 자체가 죽음과 가장 근접한 경험을 하면서 발생한 충격이라면, 트라우마의 진정한 문제는 죽음에 근접했어도 결국에는 죽지 못했다는 사실이다. 죽음을 가장 가까이에서 목격했지만 살아 있는 것이다. 그래서 살아 있어도 사는 것이 아니고, 살아 있는 것이 죄가 되는 유예된 삶이 지속된다.

죽는 것도 실패이고 사는 것도 실패인 사람들, 그들은 트라우마적인 장면을 반복할 수밖에 없다. 이런 상황에서 현실이 잠이 되지 못한다면, 불면에 빠진 그들은 자신이 실패한 장면을 행위로 옮길 수밖에 없게 된다. 이때 그들의 행위는 아이러니하게도 성공한 행위가 된다. 반복강박이 마치 '실수 행위(acte manqué)'처럼 실패가 반복되는 것이라면, '행위화'는 어쨌든 빗맞힌 과녁을 적중시켰다는 점에서 성공한 행위다.

죽음을 어떻게 감히 성공이라고 할 수 있을까. 하지만 트라우마를 입은 사람들에게 삶은 절박하다. 트라우마에 의해 삶이 잠이 되거나, 아니면 불면에 빠져 죽음만이 성공이 되는 삶, 그것이 바로 트라우마 이후의 삶, '비참함'이라는 이름의 삶이다.

"트라우마 속에서 나의 삶이 어떤 식으로 연루되어 있는지를 알아야 한다."

모든 사람들에게 트라우마는 똑같은 지점에서 발생하지 않는다.

각자에게는 각자의 현실적인 것이 있고 불가능한 것이 있다.

일단 트라우마성 질환을 전이신경증으로 전환하는 일이 필요하다.

그러고 나서 각자에게 고유한 현실적인 것과

불가능한 것을 구성해내고,

궁극적으로는 현실적인 것에 대한 포지션을 바꿔야 한다.

기록되지 않는 것_

트라우마의 발생부터 트라우마가 주체에게 어떤 영향을 미칠 수 있는지, 주체가 트라우마에 대해 어떤 반응을 보일 수 있는지를 이야기해보았다. 지금까지 우리의 논의를 진행시킨 커다란 축은 현실적인 것과 상징적인 것 사이에 놓인 다양한 관계들이었다. 우리는 이러한 관계를 두 개의 공식으로 나타낼 수 있다.

$$R \langle S \qquad R \rangle S$$

하나는 현실적인 것(R)이 상징적인 것(S)에 의해 포섭됨으로써 트라우마적인 장면이 표상의 연쇄를 따라 타자의 장 속으로 분산되는 것을 나타낸다. 또 다른 하나는 현실적인 것이 상징적인 것을 초과함으로써 트라우마적인 장면이 반복강박의 형태로 되돌아오는 것을 나타낸다. 즉 트라우마적인 장면이 타자의 장 속으로 분산되느냐, 반복강박의 형태로 되돌아오느냐 하는 것이다.

트라우마적인 장면이 타자의 장 속으로 분산된다는 것은 트라우마적인 장면이 첫 번째 표상, 첫 번째 시니피앙이란 점에서 S1이라면 그것이 S2와 연동이 된다는 것을 함축한다. S2란 두 번째 시니피앙, 앞으로 도래할 수 있는 미래의 모든 시니피앙의 연쇄를 의미한다. 그 시니피앙이 타자와의 관계에서는 타자에 위치한다는 점에서 또한 타자를 의미한다.

두 번째 시니피앙과 연동될 수 있다는 사실은 일단 트라우마적인 장면이 표상의 연쇄 속에서 기록될 수 있다는 것을 의미한다. 기록이란 언어의 탑을 쌓는 것이다. 언어의 탑을 쌓으면서 우리는 애초의 트라우마로부터 S2로 떠내려가게 된다. 기록된다고 언급했는데, 기록을 우리는 '기억'이라는 용어로 바꿀 수도 있을 것이다. 우리가 기억할 수 있다는 것은 어떤 장면의 흔적을 다른 기억들의 연쇄 속에 위치시킬 수 있다는 것을 의미한다. 그렇기 때문에 기억은 다른 표상들에 묻혀 망각될 수 있다.

반복강박에서 반복되는 S1은 트라우마적인 장면의 흔적일 수 있지만, 기록이라고 볼 수도 없고 기억이라고 볼 수도 없다. 트라우마를 입은 사람들의 언술을 보면 문장을 반복할 뿐이다. 언제, 어떻게, 왜 그런 일이 있었는지를 이야기하는 것이 아니다. 그들은 마치 깨진 레코드판처럼 동일한 문장을 반복한다. 과연 그것을 기록이나 기억이라고 말할 수 있을까? 거기에는 뭔가 기억되지 않는 것, 기록되지 않는 것이 있음을 직감할 수 있다. 어쩌면 바로 그것 때문에 그들은 똑같은 말을 되풀이하는 것일 수 있다.

타자로의 전이_

반면 트라우마적인 장면이 S2와 연동될 수 있다는 말은 무슨 뜻일까? 바로 트라우마적인 장면의 원인을 타자에게 할당할 수 있다는 의미다. 마치 우리가 세월호의 침몰로 얻은 트라우마의 원인을 타자에게 특정하려고 하는 것처럼, 우리는 트라우마적인 장면을 S2와 연동시키면서 그 원인을 타자에게서 찾으려 하는 것이다. 마치 타자 때문에 그렇게 된 것처럼 타자를 비난한다.

이는 전형적인 신경증적 환상이다. 신경증자의 환상은 타자가 우리를 착취하고 있다는 불평을 함축한다. 신경증자는 자신이 감수해야 할 억압을 타자에 의한 강요라고 이해한다. 마치 아버지에 의해 방해를 받았기 때문에 자신에게 금지된 것이 생겼다는 식이다. 자신이 즐기지 못하는 것이 바로 타자 때문이라고 생각한다. 그래서 프로이트는 히스테리 환자의 환상을 실제로 발생한 사건과 동일시한다.

타자에 의한 성적인 학대라든가 성폭력은 충분히 있을 법한 일이고 당연히 하나의 트라우마가 될 수 있다. 하지만 문제는 그런 일이 실제로 발생하더라도 우리가 취할 수 있는 포지션은 다양하다는 사실이다. 첫 번째 공식(R⟨S)이 함축하는 주체의 포지션은 트라우마의 원인을 타자의 축에 위치시키면서 트라우마적인 충격을 분산시킬 수 있지만, 그것은 말 그대로 하나의 포지션일 뿐이다.

앞서 우리는 세월호의 침몰 앞에서 어떤 불투명한 의도를 가진 타자를 상정하는 것과 프로이트가 유혹설에서 잔혹한 타자를 상정하는 것, 그리고 프로이트가 환상설에서 가학적인 타자를 상정하는 것 사이에 어떤 연관이 있는지 질문을 던진 바 있다. 이 질문에 대한 한 가지 답은 신경증자는 자신이 받은 트라우마적인 충격의 원인을 타자에게 할당하는 포지션을 취한다는 것이다. 그 원인이 타자에 의한 것이든 아니든 간에 타자의 잘못으로 귀착된다. 환상설이 함축하는 것은 신경증자가 그것을 타자의 축에 할당한다는 것이다.

사실 트라우마의 원인은 특정할 수가 없다. 원인이 단순히 애매모호하다는 뜻이 아니라 표상의 차원에 있지 않기 때문이다.

트라우마가 우리의 상징적인 현실을 파열시키는 데에서 비롯되었다면, 그 원인은 당연히 상징적인 것 속에 있지 않다. 원인을 잡아채서 표상의 연쇄 속으로 밀어 넣는 것, 결국에는 타자의 축에 위치시키는 것이 바로 첫 번째 공식이 함축하는 것이다.

이러한 포지션의 특수성을 확인하기 위해서는 두 번째 공식(R>S)에 함축된 주체의 포지션과 비교하면 분명해진다. 두 번째 공식에 함축된 주체적인 포지션에서 강조되는 것은 타자의 잘못, 타자의 강제가 아니라 오히려 자기 자신의 잘못이다. 두 번째 공식이 적용될 수 있는 트라우마를 입은 경우에는 그 트라우마가 정말로 타자의 폭력이나 강제에 의한 것이라 해도 타자의 잘못으로 돌리면서 타자를 비난하기보다는 오히려 스스로를 비난한다.

요컨대 외상성 질환을 앓는 사람들은 트라우마의 원인을 자신에게 할당하는 경향이 있다. 피해자이지만 마치 트라우마가 지울 수 없는 낙인처럼 작용한다. 피해자이면서 죄책감을 느끼는 이상한 상황이다. 그 이유는 무엇보다 일차적으로는 트라우마적인 장면이 S2와 연동될 수 없기 때문이다. 그들은 트라우마적인 장면을 표상들의 연쇄 속으로 밀어 넣을 수 없다. 이차적인 이유로는 트라우마적인 장면 그 자체 속에서 주체가 갖는 위치 때문일 것이다. 트라우마적인 장면 속에서 주체는 트라우마적인 장면에 의해 압도되고 겨냥되는 대상이다. 트라우마적인 장면이 반복강박의 형태로 되돌아오면서 주체는 그 장면의 먹잇감이 된다.

　문제는 마치 그것이 하나의 내적인 명령처럼 주체를 겨냥한다는 점이다. 장면이 반복될수록 마치 자신의 잘못인 것처럼 느낀다. 바로 그렇기 때문에 반복강박이 행위화로 길을 틀 때, 타자에 대한 폭력이 아니라 자기 자신에 대한 폭력, 자살이라는 형태로 귀착하게 된다.

치료의 지침들_

　이제 한 걸음 더 나아가 주체적인 포지션으로부터 귀결될 수 있는 치료의 지침에 대해 이야기해보도록 하자.

　트라우마에 대한 주체적인 포지션이 두 가지 공식으로 압축될 수 있는 것처럼, 결국 외상후 스트레스 장애 혹은 트라우마적인 신경증을 정신분석적으로 치료하는 데에는 두 개의 가능성이 열려 있다. 하나는 엄밀한 의미에서의 정신분석적 치료에만 한정되지 않고 모든 상담이 공유할 수 있는 방법인데, 바로 트라우마를 언어를 통해 재구성하는 것이다. 환자 스스로 자신이 경험한 트라우마적인 장면을 재구성한다. 바로 표상으로 재구성하는 것이다. 이는 환자가 자신이 경험한 것을 표현하고 언술화하

　　　　　　　　트라우마 이후의 삶

는 것으로, 프로이트의 《히스테리 연구》에서 연유했다. 프로이트는 트라우마 때문에 잘려 나간 기억의 장을 언술화를 통해 재구성하는 방법을 제시한 바 있다.

언술화가 함축하는 것은 무엇일까? 단순히 기억할 수 없는 것을 기억하도록 하는 문제가 아니다. 기억할 수 없는 것을 기억해낸다고 해서 무슨 대단한 효과가 발생하는 것은 아닐 것이다. 말을 하는 동안 어떤 일이 발생할까? 프로이트가 《쾌락 원칙을 넘어서》에서 언급한 포르트 다(fort-da) 놀이에서처럼 트라우마에 대한 주체화가 발생할 수 있을 것이다. 프로이트는 자신의 손자가 실패를 던졌다가 잡아당기는 것을 반복하면서 "포르트(저기에)"와 "다(여기에)"라고 말하는 것을 목격한 바 있다. 이는 어머니의 부재로 상처를 받은 아이가 그 부재를 견디기 위해 어머니가 자신 앞에 나타났다가 사라지는 장면을 실패를 던지는 놀이를 통해 상징화한 것이라 할 수 있다.

어머니의 부재를 상징화하면서 아이는 트라우마를 입는 수동적인 위치에서 그 경험을 능동적으로 주체화하는 위치로 올라서게 된다. 트라우마에 대한 수동적인 위치에서, 비록 자신이 당하는 경험일지라도 그 경험을 능동적으로 진술하는 위치로 바뀌는 것이다. 이 점이 함축하는 것은 어쨌든 언어는 트라우마를 치유할 수 있는 가장 간단한 방법이라는 사실이다. 말이 트라우마적인 효과를 감쇄시키는 범퍼의 역할을 하는 것이다. 그런 의미에서 이는 모든 상담에 전제된 방법이라고 할 수 있다.

당연히 언술화란 형식적으로 말로 표현하는 것에 그치지 않을 것이다. 자신이 경험한 것에 의미를 부여하는 과정이자, 그 자체로 하나의 치료 과정이 될 수 있다. 어떤 의미를 부여하든 의미를 부여하는 일은 주체에게 나름의 변화를 만들어낸다.

인지치료도 이 범주에서 벗어나지 않는다. 인지치료가 환자의 인식과 믿음을 바꾸는 것이라면, 그 인식과 믿음을 바꾸기 위해 새로운 의미를 부여해야 할 것이다. 환자가 생각한 의미, 소위 인식의 오류를 바꾸기 위해 새로운 의미를 주입해야 한다.

이 첫 번째 유형의 치료를 한마디로 규정하자면, 내러티브 치료나 의미 치료라는 말로 규정할 수 있다. 내러티브나 의미를 조제해서 주입하면 트라우마를 상징화할 때 나름의 효과를 거둘 수 있다. 실제로 외상후 스트레스 장애의 발병 초기일수록 이 방법은 유효하다. 앞서 우리가 제시한 두 가지 공식 중 첫 번째 공식을 전제한다고 할 수 있다.

당연히 이 치료법은 제한적일 수밖에 없다. 모든 치료법에 공유될 수 있는 만큼 방법은 매우 느슨하지만 효과는 부분적일 수밖에 없다. 인지치료가 새로운 의미를 부여하는 데 주안점을 둔다면, 가령 환자의 죄의식을 감쇄시키기 위해 그 사건이 지니는 다른 의미들을 제시할 수밖에 없다. 그런데 문제는 그러한 과정은 정확히 신경증이 만들어지는 과정과 일치한다는 점이다. 트라우마적인 장면을 표상들의 연쇄 속에 집어넣을수록 원인은 표상의 연쇄 속에 위치하게 되고, 그러면서 타자에게 원인을 부과하는 것이다. 즉 치료가 신경증자의 환상에 정확히 부합하게 된다.

이렇게 되면 트라우마가 만들어낼 충격을 일부 감소시킬 수 있지만 발생되는 정신적인 갈등을 피하지는 못한다. 결국 트라우마에 의한 긴장이나 충격은 사라지는 듯 보이지만, 그것이 다른 표상들의 가면을 쓰고 신경증적인 증상을 만들어낼 수 있다. 이는 비단 인지치료만의 문제가 아니라 첫 번째 범주에 속한 모든 치료법이 빠질 수 있는 오류다. 그래서 이 방법은 진정한 의미에서의 정신분석 치료는 될 수 없다.

정신분석 치료의 출발점_

진정한 의미에서의 정신분석 치료란 무엇일까? 일단 전이 신경증 환자든, 트라우마 신경증 환자든 트라우마적인 사건에 리비도를 과잉 투자할 수밖에 없기 때문에 사건을 그 자체로 하나의 객관적인 사건처럼 인식할 수밖에 없다. 이는 사건에 자신이 주체로 연루된 것이 아니라 마치 자신과 무관하게 사건이 일어난 것이며 자신은 사건의 피해자라고 생각한다는 뜻이다.

물론 겉으로 드러난 의식의 태도일 뿐, 그가 취하는 무의식적인 태도는 아니라고 할 수 있다. 그의 무의식적인 태도는 자신이 사건의 피해자인데도 원인을 자신이 떠안거나 타자에게 할당하는 것이다. 겉으로 그가 보이는 모습과 속으로 그가 취하는 태도는 전혀 다를 수 있다.

그런데 외상후 스트레스 장애 혹은 트라우마적인 신경증은 시간이 오래 지날수록 환자 자신이 그 신경증에 통합되어버린다. 그렇게 되면 웬만한 경우가 아니면 환자 자신이 치료받기 위해 심리치료사나 분석가를 찾지 않게 된다. 자신의 주체성이 질병 속에 통합되어 있기 때문에 자신의 질병이 자신에게 전혀 문제를 제기하지 않을 뿐만 아니라 치료에 대한 요구도 만들어내지 못한다. 그러면 자신이 주체로서 질병 속에 어떻게 연루되어 있는지를 파악할 기회가 없어지고 전이적인 공간을 만들 여지가 줄어든다. 다시 말해서 자신의 증상들 뒤에 그 증상들과 관련해 자신이 알지 못하는 무언가가 있다고 가정할 수 없고, 그것에 대한 지식을 분석가에게 일임하지 않게 된다.

결국 치료의 관건은 단순히 트라우마를 언술화하는 것이 아니라 환자가 자신에게 통합된 증상들을 끄집어내 의문을 던지게 하고 그 트라우마를 환자 자신의 삶 속에 위치시켜 맥락화하는 데 있다. 트라우마 속에서 자신의 삶이 어떤 식으로 연루되어 있는지를 알아야 하는 것이다.

이는 단순히 인지치료처럼 인지적인 오류를 바로잡기 위함이 아니다. 내러티브 치료처럼 내러티브를 구성하도록 함으로써 트라우마가 만드는 충격을 감쇄시키기 위함도 아니다. 정신분석 치료에서 트라우마 속에 주체적인 포지션이 연루되어 있다는 것을 자각하게 하는 것은 치료의 목표가 아니라 출발점에 불과하다.

이러한 재맥락화는 은연중에 취하는 무의식적인 포지션을 겨냥하기 위한 것이다. 앞서 언급했듯이 트라우마는 모든 사람들에게 똑같은 지점에서 발생하는 것이 아니다. 환자의 주체적인 포지션이 개입되지 않고는 트라우마는 발생하지 않는다. 각자에게는 각자의 현실적인 것이 있고 불가능한 것이 있다. 그것은 환자가 자신의 욕망과 쾌락을 유지하는 방식과 분리되지 않는다.

첫 번째 공식이 적용될 수 있는 경우든, 두 번째 공식이 적용될 수 있는 경우든 치료를 위해서는 일단 트라우마성 질환을 전이신경증으로 전환하는 일이 필요하다. 그러고 나서 각자에게 고유한 현실적인 것, 불가능한 것을 구성해내고, 궁극적으로는 현실적인 것에 대한 포지션을 바꿔야 한다. 바로 여기서부터 우리 삶의 다른 가능성이 도래할 기회가 주어지게 될 것이다.

다른 삶으로의 이행

몇 개의 장면들에서 시작된 트라우마를 탐구하는 우리의 여정은 이렇게 끝났다. 우리는 트라우마적인 장면이 우리를 무엇으로 만들고 우리에게 어떤 미래를 열어놓는지를 보기 위해 트라우마 속에 얽혀 있는 기억의 실타래를 풀었다.

기억의 실타래 속에는 마치 목에 걸린 가시처럼 제대로 이해하지 못하고 삼켜버린 장면들이 있다. 그 장면들은 우리의 정신에 보이지 않는 암초가 되어 우리 삶의 물살을 바꾸거나 우리를 좌초시킨다. 그런 점에서 트라우마는 우리가 우리 자신이 경험한 것에 의해 전복되는 우리 삶의 가장 첨예한 지점이다.

그러한 암초가 우리의 정신으로 소화할 수 없는 것이라는 점에서 우리는 그것을 중심으로 맴도는 우리 삶의 궤적들에 대해 주목했다. 이 책의 논의의 구조가 반복강박처럼 하나의 중심을 맴도는 것은 바로 이 때문이라 하겠다.

트라우마를 탐구하는 이 논의의 출발점은 언어가 우리 삶에 형태를 부여하고 우리의 현실을 구성하는 핵심적인 요소라는 사실이었다. 우리가 가진 통념, 믿음, 심지어는 감정까지도 언어의 거푸집 속에서 만들어진 것임을 부인할 수 없다면, 트라우마의 출현은 그러한 거푸집에 균열이 만들어지는 순간이며 우리가 언어에 기대어 만들어낸 통념과 믿음이 해체되는 순간이다.

물론 이러한 균열에 긍정적인 국면이 있다는 것 역시 부인할 수 없는 사실이다. 균열은 우리 삶에 변화가 만들어지는 지점이다. 요컨대 우리가 맹목적으로 믿어왔던 우리의 현실이 허구적인 것이었음이 드러나는 순간이기에 우리가 무엇을 딛고 서 있는지에 대해 다시 한 번 고민할 수 있도록 해주는 기회가 된다. 실제로 우리는 세월호 참사가 터지고 나서 우리가 믿고 있었던 것들의 진실이 무엇이었는지를 여실히 확인할 수 있었다. 국가 시스템의 결핍뿐만 아니라 인간으로서 우리에게 무엇이 부족한지를 확인할 수 있는 기회였고, 그 덕분에 우리는 우리가 살고 있는 조건들을 바꾸기 위해 노력하고 있는 중이다.

하지만 이러한 가시적인 변화들보다 중요한 것은 비가시적인 변화들이다. 트라우마의 부정적인 효과는 우리도 모르는 사이에 우리 삶 곳곳에 스며들어 삶을 막다른 골목으로 인도한다는 것이다. 우리는 트라우마를 입으면 어떤 방식으로 증상이 만들어지는지에서 시작해, 트라우마를 입으면 왜 그것을 안겨준 경험으로부터 벗어날 수 없는지, 어떻게 해서 우리는 트라우마적인 장면으로 되돌아가게 되는지를 보았다.

트라우마를 입으면 우리 삶은 충격적인 경험으로부터 도피하기 위해 필사적으로 노력하지만 결국에는 그 경험 앞으로 다시 불려가는 이상한 미로가 되어버린다. 회피할수록 오히려 피하고자 했던 그것과 맞닥뜨리게 되는 미로. 트라우마는 우리 삶의 가능성을, 무한한 가능성을 축소시키는 암초다.

물론 겉으로 볼 때 그 자신이 트라우마적인 장면으로부터 벗어나 일상의 평온함을 유지하는 듯 보일 수도 있다. 더 이상 자신에게 아무런 상처가 되지 않는다고, 이미 지난 일이 되었다고 공언할 수도 있다. 하지만 이미 좁아진 삶의 통로 속에서 자신의 삶을 바라보는 것인 이상 자신에게 어떤 가능성들이 주어질지를 알지 못하는 상태에서 이야기하는 착시일 뿐이다. 트라우마를 입으면 우리가 갈 수 있는 길들이 하나씩 하나씩 사라진다. 유리벽으로 이뤄진 좁은 통로를 따라 벼랑으로 내몰리게 되는 것이다.

따라서 트라우마 이후의 삶에서 우리가 추구해야 할 목표는 단순한 생존이나 고통의 해소가 아니다. 이러한 유리벽을 깨고 우리 삶에 최대한의 가능성을 되돌려주는 것, 그것이 트라우마 이후의 삶에 주어진 과제가 될 것이다. 보이지 않는 삶의 암초들을 제거하고 가로막힌 삶에 물꼬를 터주는 것이다. 정신분석이 하는 일이 바로 이것이라는 점에는 의심의 여지가 없다. 무의식을 다루는 정신분석만이 그러한 암초에 접근할 수 있기 때문이다. 바로 이것이 포스트모던한 현대를 살아가는 우리에게 여전히 정신분석이 필요한 이유다.

트라우마 이후의 삶

© 맹정현

초판 1쇄 펴낸날 2015년 11월 30일

지은이 맹정현
펴낸이 최만영
책임편집 김민정
디자인 박진범, 전나리
마케팅 박영준, 신희용
영업관리 김효순
제작 김용학, 김성수

펴낸곳 (주)한솔수북
출판등록 제2013-000276호
주소 121-896 서울시 마포구 월드컵로 96 영훈빌딩 5층
전화 02-2001-5819(편집) 02-2001-5828(영업)
팩스 02-2060-0108
전자우편 chaekdam@gmail.com
책담 블로그 http://chaekdam.tistory.com
책담 페이스북 https://www.facebook.com/chaekdam

ISBN 979-11-7028-019-4 04180
ISBN 979-11-85494-89-0(세트)

║║책담 그대를 위한 세상의 모든 이야기